Das Buch

Richard Bode ist es gelungen, ein fesselndes und doch poetisches Bild des Lebens auf dem Wasser zu entwerfen. Er entführt uns in die Welt des Windes, in der es weniger wichtig ist, mit körperlicher Gewalt die Kontrolle über das Boot zu behalten, als der Macht des Windes nachgeben zu können. Mit der Leichtigkeit eines Lebenskünstlers beschreibt der Autor die Parallelen zwischen der Kunst des Segelns und der Bewältigung des Lebens. Er läßt uns teilhaben an amüsanten und auch an gefährlichen Situationen auf einem Segelboot und zeigt die Bedeutung dieser Erfahrungen für den Verlauf des eigenen Lebenswegs.

Dieses Buch ist ein unerläßlicher Wegweiser, eine Quelle der Stille und der Kraft in einer Welt voller Hektik und Chaos. Es läßt die Realität für die Dauer der Lektüre hinter den Bildern der Weite und der Freiheit versinken. *Nimm zuerst ein kleines Boot* ermuntert uns auf amüsante Art und Weise, in uns selbst das Vertrauen und die Kraft zu finden, unsere Ziele zu verwirklichen.

Der Autor

Richard Bode studierte Englisch und Literatur an der Columbia University, New York. Ab 1950 war er zeitweilig Zeitungsredakteur, Lektor beim Verlag McGraw Hill, Chefredakteur und leitender Redenschreiber bei Burson-Marsteller, der größten PR-Firma der Welt. Seit 1969 lebt er als freier Schriftsteller an der amerikanischen Westküste. Seine ersten großen Bucherfolge errang er mit dem autobiographischen Roman *Blaue Slup bei Tagesanbruch* und dem Buch *Was das Meer dem Strand schenkt – Auf der Suche nach dem wirklichen Leben.*

Richard Bode

Nimm zuerst ein kleines Boot

Von den Gezeiten des Lebens

Aus dem Amerikanischen
von Helga Künzel

DIANA VERLAG

Diana Taschenbuch Nr. 62/0069

Die Originalausgabe
»First You Have to Row a Little Boat«
erschien 1995 bei
Warner Books, New York, N.Y., USA

2. Auflage

Taschenbucherstausgabe 10/99

Der Diana Taschenbuchverlag ist ein Unternehmen der
Wilhelm Heyne Verlag GmbH & Co. KG, München
Printed in Germany 1999
Umschlaggestaltung: Hauptmann und Kampa
Werbeagentur, CH-Zug
Satz: Schaber Satz- und Datentechnik, Wels
Druck und Bindung: Elsnerdruck, Berlin
Gedruckt auf chlor- und säurefreiem Papier.

ISBN: 3-453-15866-0

http://www.heyne.de

Inhalt

Für Bonnie,
die alles möglich macht

1

Der Seefahrer und seine Geschichte

Als junger Mann legte ich ein feierliches Gelübde ab: Ich schwor mir, meinen Kindern das Segeln beizubringen. Es war ein Versprechen, das ich nicht hielt.

Die Notwendigkeiten des Lebens – Arbeit, Geld, Wohnung und Gesundheit – hinderten mich, dieses Vermächtnis, in dem ich den eigentlichen Sinn meines Daseins sehe, meinen Kindern weiterzugeben. Ich habe das Gefühl, etwas nicht gesagt zu haben, was ich hätte sagen sollen, etwas nicht getan zu haben, was ich hätte tun sollen. Mich erfüllt wertvolles Wissen, das mir als Junge zuteil wurde, und ich habe versäumt, es an meine Söhne und Töchter weiterzugehen, die es nun nicht an ihre Kinder weitergeben können.

Ich versuche, mir zu verzeihen, doch das gelingt mir nicht. Welche Entschuldigungen ich auch vorbringe, die unabänderliche Tatsache bleibt: Ich habe nicht meine Kinder segeln gelehrt.

Vor meinem inneren Auge, in der Stille der Nacht, in meinen vagabundierenden Träumen, sehe ich mich das tun, was ich nicht getan habe: Ich nehme meine Kinder, eines nach dem anderen, auf die ranke Slup mit, die ich in Wirklichkeit kurz nach deren Geburt verkauft hatte. Ich bringe ihnen bei, wie man mit der einmastigen Jacht den schmalen Salzwasser-Creek hinaussegelt und den Leuchtturm jenseits der Bucht anpeilt. Ich bringe ihnen bei, wie man den Bug oder das Heck durch den Wind dreht: wendet oder halst. Ich bringe ihnen bei, die Segel zu setzen und zu bergen, den Anker zu werfen, das Boot in schwerer See an einer Boje festzumachen. Bei alledem weiß ich, daß ich ihnen nicht nur das Segeln beibringe. Ich zeige ihnen – ohne einen Anstrich von moralisierendem Predigen, wie ich hoffe –, daß sie sich mit etwas Metaphorischem befassen: Ein Boot zu meistern bedeutet, das Leben zu meistern – und eben das ist es, was ich ihnen verständlich machen möchte.

Als ich als Junge segeln lernte, hatte ich natürlich keine Ahnung, daß die einfachen Lektionen der Seemannskunst universell anwendbar sind und mir später gut zustatten kommen sollten. Es war keineswegs so, daß ich ein Umspringen des Windes spürte und mir sagte: Aha, das ist wieder eine der kleinen Lektionen des Lebens. Ich halste, wendete, driftete, ankerte; ich paßte mich den herrschenden Bedingungen an. Ich hatte Spaß und erwarb Fertigkeiten – dachte ich.

Was ich nicht merkte, war, daß ich auch ein Bewußtsein entwickelte, eine ausgeprägte Fähigkeit zur Wahrnehmung der Beziehung zwischen mir und den Elementen, über die ich keine Kontrolle und keine Gewalt hatte. Gott schenkte nur den Wind. Dieser konnte von Osten, Westen, Norden oder Süden wehen. Er konnte plötzlich einsetzen; er konnte abflauen, praktisch einschlafen. Er konnte mich in einer Flaute festliegen lassen. Nicht ich wählte den Wind aus; er wurde mir von einer Macht aufgezwungen, die weit größer war als ich. Aber ich mußte den Wind segeln – gegen ihn, mit ihm, seitlich zu ihm. Wehte er nicht, mußte ich mit

Engelsgeduld auf ihn warten, wenn ich von dort, wo ich war, dorthin kommen wollte, wohin zu kommen ich mir wünschte.

Wir Menschen leben in der Annahme, immer alles beherrschen zu müssen. Wir glauben, die Welt gehöre uns, sei unser Eigentum, unterstehe unserer festen Kontrolle. Der Segler weiß jedoch nur zu gut, daß dies ein Irrtum ist. Der Segler sitzt an seiner Ruderpinne, wartet und beobachtet. Er weiß, daß er nicht der Herr der Erde und des Himmels ist, genausowenig wie die Fische Herren des Meeres oder die Vögel Herren der Luft sind. Er reagiert auf die feinen Veränderungen des Windes, die unmerklichen Gezeitenschwankungen. Er ändert den Kurs. Er trimmt seine Segel. Er segelt.

Der Hurrikan, der Taifun, die Tsunami, die plötzliche starke Bö – sie alle führen dem Menschen vor Augen, wie klein er ist, wenn man ihn an den bedeutenden Naturkräften mißt. Wir haben unser Schicksal nicht völlig in der Hand. Wir unterliegen Unfällen, Krankheiten, dem Tod; wir können unversehens jemandes Liebe verlieren, die Stellung, das Zuhause. Eine unsichtbare Hand kann jederzeit aus irgendeinem Quadranten des Kompasses hervorkommen und uns niederschlagen.

Der Tod raubte mir in meiner Kindheit die Eltern, erst meinen Vater, dann meine Mutter. Ein gewaltiger Sturm war das, ein nicht umkehrbarer Wind, der mein Schicksal veränderte. Ich hatte keine Herrschaft über diesen Wind und konnte nicht erreichen, daß er zurückgab, was er mir genommen hatte. Aber es war mein Wind, und ich mußte ihn segeln, bis er mich schließlich in eine geschützte kleine Bucht brachte.

Das Ganze trug sich vor einem halben Jahrhundert zu, und ich habe es überlebt. In den seither vergangenen Jahren fand ich heraus, daß das tägliche Leben trotz dieses niederschmetternden frühen Unglücks keine ständige Abfolge von Krisen und Kalamitäten ist. Das tägliche Leben gleicht dem Wind mit seinen unendlichen Variationen und Launen. Der Wind ändert sich, er ändert sich ständig, bläst von Norden, Nordosten, Nordwesten, dann Norden – genau wie wir uns stets ändern, wandeln, entwickeln, manchmal glücklich sind, manchmal zornig, manchmal traurig. Wie der Segler den Wind segelt, mit ihm fertig wird, müssen wir sozusagen unsere Launen segeln, mit ihnen fertig werden.

Ich bemerke immer wieder, daß ich diese Gedanken meinen Kindern vermittle, während wir zusammen durch meine Wunschträume segeln. Aber wir sind nicht wirklich zusammen gesegelt, also habe ich nie etwas darüber gesagt – was vielleicht auch etwas Gutes hat. Wenn mir der Zustand des Vaterseins etwas klarmachte, dann die Schwierigkeit oder gar die blanke Unmöglichkeit, Lehren meines eigenen Lebens an meine Sprößlinge weiterzugeben. Ich erkannte, fast zu spät, daß meine Kinder nicht dazu geboren waren, aus meinen Erfahrungen zu lernen; sie waren dazu geboren, aus ihren eigenen Erfahrungen zu lernen, und jeder Versuch meinerseits, ihre Erfahrungen durch meine zu ersetzen, war zum Scheitern verurteilt.

Richtig ist, daß ich mich trotz all meines Kummers und Bedauerns nicht ewig für Dinge verurteilen kann, die ich getan oder nicht getan habe. Ich lernte als junger Mensch segeln, und meine Kinder lernten es nicht – so einfach ist das eigentlich. Ich weiß genausowenig, warum es so kam, wie ich weiß, warum einige Schüler sich auf kürzestem Weg in die Schulbücherei begaben und andere auf den Sportplatz. Ich vermute, daß uns Ziele bestimmt sind, die uns von einem geheimen Ort in unserem Inneren aus Impulse geben, und daß wir instinktiv auf diese Ziele zugehen.

Solche verborgenen Strömungen in meinem Leben führten mich als Junge ans Meer und in ein Segelboot. Das ist der Kurs, den ich für mich wählte – und dieser prägte mein ganzes Leben, meine ganze Erinnerung.

Meine Kinder sind jetzt erwachsen und mit ihrem eigenen Leben beschäftigt, mit ihren eigenen individuellen Siegen und Entdeckungen. Ich aber stehe mit einer bisher nicht erzählten Geschichte da und habe niemanden, dem ich sie erzählen könnte. Was ich jetzt niederschreibe, ist also in gewisser Weise eine Sühne für die Unterlassungssünden, die ich in der Vergangenheit begangen habe. Ich gleiche S.T. COLERIDGES *Ancient Mariner* – dem alten Seefahrer, der unschuldige Bummler und ungeduldige Passanten festhält und ihnen seine Geschichte erzählt.

2

»Als erstes mußt du lernen, ein kleines Boot zu rudern«

Das Verlangen zu segeln erfaßte mich, als ich zwölf war. Ich stand am Ufer und betrachtete die Boote, wie sie in der auflandigen Brise kurz eintauchten, sich aufrichteten, wieder eintauchten. Segeln schien nur ein sehr einfacher Sport zu sein, viel leichter, als einen Homerun um ein Baseballfeld zu machen oder einen großen Hohlball durch einen Eisenring in einen Korb zu werfen. Ich dachte, dabei bräuchte ich nur die Segel hochzuziehen und sie vom Wind füllen zu lassen, dann würden das Boot und ich zusammen losschießen wie ein aufsteigender Vogel. Doch der erste Mensch, der mich vom Land weg- und in ein Boot hineinbrachte, hatte entschieden andere Vorstellungen.

Er hieß HARRISON WATTS, und anfangs kannte ich ihn nur vom Hörensagen. Er stand als Segler in legendärem Ruf, hatte bereits um die Jahrhundertwende Rennslups gesegelt und auch Eisjachten, als die Great South Bay in jedem Winter vom Festland Long Islands bis zum Leuchtturm von Fire Island zufror. Wenn Sie in der alten Küstenstadt Bay Shore die Ocean Avenue bis zum Ende hinuntergehen, sehen Sie das Fachwerkhaus des Kapitäns noch heute dort stehen, genau nördlich des Bootshafens, mit der Rückseite zu dem belebten schmalen Salzwasser-Creek. Soweit ich weiß, würden Sie auch sein gedrungenes Charterboot dort vorfinden, die *Nimrod,* die er vor dem Zweiten Weltkrieg fuhr, während der Kriegsjahre und in der Zeit danach. Sie liegt dort an ihrem Ankerplatz und schaukelt im Wind, obwohl der Kapitän seit vielen Jahren tot ist. Er ist den Weg seiner Vorfahren gegangen, jener frühen Siedler an dieser weit östlich gelegenen Küste, die bis ins Mark ihrer rheumatischen Knochen Walfänger und Seefahrer waren.

Ich sah den Kapitän oft, wenn auch aus respektvoller Entfernung, denn der Liegeplatz seiner *Nimrod* befand sich an einem schmalen Kanal gegenüber der Werft, auf der ich den größten Teil meiner Freizeit verbrachte. Er war ein stattlicher Mann von etwa siebzig Jahren mit rosigem Gesicht, das ständig von einer weißen Leinenmütze mit langem Schild beschattet wurde. Trotz seines hinkenden Ganges stieg er mit katzenartiger Gewandtheit von der Kaimauer auf das Deck seines Bootes und wieder zurück auf den Kai. An Sommernachmittagen saß er regelmäßig am Ruder der *Nimrod,* kam mit einer Gruppe von Hobbyfischern aus der Bucht zurück, tuckerte den Creek hinauf, ein stumpfnasiges Dingi im Schlepp. Ich bin sicher, daß auch er mich sah, denn ich saß immer auf dem Damm und wartete auf seine Ankunft, um beobachten zu können, mit welcher Leichtigkeit er sein Boot zum Liegeplatz manövrierte.

Er wurde auf die allernatürlichste Weise mein Mentor. Es war Ende Juni, das Schuljahr war beendet, und die langen Sommerferien hatten eben angefangen. Ich kam eines Morgens sehr früh auf dem Werftgelände an, lehnte mein Fahrrad an einen Bootsschuppen, und als ich um die Ecke des verfallenden Gebäudes bog, sah ich, daß die *Nimrod* aus dem Wasser gehievt und aufgebockt worden war. Der Kapitän lag rücklings darunter und kratzte den Boden ab. Ich näherte mich ihm beklommen, denn er war für mich immer noch eine halbe Sagengestalt, und ich hatte so vage Ängste, er könne sich vielleicht erheben wie ein Meeresgott und mir den Kopf abbeißen. Ich setzte mich auf einen großen Holzblock neben seinem Boot. Als er sich schließlich umdrehte und mich ansprach, erkannte ich sogleich, daß meine Ängste unbegründet waren. Er war bloß ein Mensch – und ein liebenswürdiger dazu.

»Na, mein Junge«, sagte er, als seien wir die besten Freunde, »was treibt dich so früh am Tag hier runter?«

»Ich suche ein Boot«, antwortete ich. Das war zwar nicht ganz die Wahrheit, aber es war auch nicht ganz erfunden.

»Was für ein Boot?«

»Ein Segelboot.«

»Kannst du segeln?«

Eine Frage, die ich gefürchtet hatte, denn zu den schwersten Dingen im Leben zählt das Eingestehen von Unkenntnis, wenn man jemanden beeindrucken möchte. Meine Freunde konnte ich täuschen; tatsächlich schaffte ich das oft mit Phantasiegeschichten darüber, was ich tun und wohin ich fahren würde, wenn ich selbst ein Boot besäße; sie sahen mich als jemanden an, der genau wußte, wovon er sprach. Mit zwölf Jahren fällt es schwer, auf Schmeicheleien der Altersgenossen zu verzichten; doch beim Kapitän standen die Dinge anders. Er war Meister in einer alten Kunstform, die ich mir aneignen wollte, und ich wußte, er würde meine Behauptungen sofort durchschauen.

»Nein, kann ich nicht«, sagte ich.

»Warst du schon mal auf einem Segelboot?«

»Eigentlich nicht.«

»Du bist noch nie gesegelt. Du warst noch nie auf einem Segelboot. Trotzdem willst du dir eins zulegen. Wie stellst du dir das vor?«

»Oh, ich werde es schon schaffen.«

Er rollte unter der *Nimrod* hervor und richtete sich auf. In diesem Moment erwartete ich, ehrlich gestanden, daß er eine schmucke Slup herbeizaubere, in der wir beide davonsegeln würden. Doch an diesem Tag gab es keine Segelstunde. Er griff vielmehr ins Cockpit seines Bootes, holte ein Riemenpaar heraus und ging zu dem stumpfnasigen Dingi hinab, das er am Kai vertäut hatte. Er gab mir die Riemen.

»Steig ein!« sagte er. *»Als erstes mußt du lernen, ein kleines Boot zu rudern.«*

Ich betrachtete das Dingi; bestimmt war es nicht viel länger als drei Meter. Es lag da und hüpfte auf der Wasserfläche wie ein Korken – eine Beleidigung für mein Ego. Ich wollte kein Ruderboot haben; ich wollte eine Slup, eine Segeljacht, einen Besankutter oder eine Zweimastjolle. Ich wollte in der Bucht segeln, auf See, auf den Weltmeeren kreuzen.

Ich stieg ein, die Riemen in der Hand, blieb aufrecht stehen; das Ruderboot schwankte und warf mich fast ins Wasser. Der Kapitän sagte nichts; vermutlich meinte er, es gebe einige Dinge, die ich selbst herausfinden mußte.

An drei aufeinanderfolgenden Tagen ruderte ich dieses Dingi hin und her über den Creek, der von Dammwand zu Dammwand etwa zweihundert Meter maß, umrundete Muschelfischerboote, Fähren, Ausflugsschiffe. Gelegentlich kam der Kapitän zum Ende des Kais, winkte mich ans Ufer und gab mir ein paar nützliche Tips, doch die meiste Zeit über stand er einfach da und beobachtete mich beim Rudern. War er zufrieden mit meinen Fortschritten? Ich würde gern glauben, daß er es war. Eines aber weiß ich: Ich selbst war zufrieden mit mir, denn ich fand mich in einem Milieu zurecht, das sich völlig von allem unterschied, was ich bisher gekannt hatte.

Stunde um Stunde, Tag für Tag beschäftigte ich mich unter der Anleitung des Kapitäns damit, mir eine Fähigkeit anzueignen, die inzwischen für meine Weltsicht genauso grundlegend ist wie das Gehen oder Sprechen. Als erstes lernte ich, mit beiden Riemen gleichzeitig zu pullen, dann fand ich heraus, daß ich das Boot auch mit anderer Geschwindigkeit vorwärtsbewegen konnte, indem ich meine Schläge abwechselte. Ich gewann ein neues Verständnis der Trägheit, denn das Boot war schwer in Fahrt zu bringen, weil es keinen Motor hatte, und noch schwerer zu stoppen, weil es keine Bremse hatte. Es verfügte über eine einzige Bewegungskraft, und das war die meine.

Wir sind Landkreaturen und reagieren auf die Gesetze des Landes. Zuerst lernen wir ein Dreirad fahren, dann ein Fahrrad, und schließlich, wenn wir das nötige Alter erreicht haben, gehen wir zum Auto über. Alle diese Fahrzeuge haben jedoch ein Element gemeinsam: Räder, die auf nicht nachgebenden Beton- oder Asphaltflächen rollen. Man dreht die Räder nach links, und das Fahrzeug schwenkt nach links – nach rechts, und es schwenkt nach rechts. Die Gesetze des Rades gehen uns sehr früh in Fleisch und Blut über, und von da an neigen wir dazu, sie auf praktisch alles anzuwenden, was wir tun.

Doch das Boot, das ich damals ruderte, hatte keine

Räder und fuhr nicht auf einer harten Fläche. Es hatte einen flachen Boden und schwamm frei in einer nachgebenden See, außerdem reagierte es genau entgegengesetzt zu einem Fahrrad oder Auto. Pullte man mit dem linken Riemen, schwenkte das Dingi nach rechts, und mit dem rechten Riemen, schwenkte es nach links. Pullte man mit dem einen Riemen und stieß mit dem anderen, drehte sich das Boot rasch um die eigene Achse. Alle diese Bewegungen widersprachen jenen, die ich kannte, und sie verlangten eine grundlegende Anpassung von Muskeln und Geist.

Tatsächlich vollführen wir während unseres Alltagslebens ständig solche Wechsel vom Land zum Wasser und wieder zurück – nicht immer aber mit der Gewandtheit eines Seglers. Die Zeit schleudert uns schnell von einem Ort zum anderen und von einer Rolle in die andere. Wir bewegen uns hin und her, vom Vorort in die Stadt, vom Zuhause zum Arbeitsplatz, von der Geschäftsbesprechung zur Dinnerparty. Jede Umgebung hat ihre eigenen Gesetze und stellt ihre eigenen Anforderungen an uns. Manchmal erfolgen die Wechsel so schnell, daß wir die Orientierung verlieren. Wir verhalten uns den Kollegen gegenüber wie Eltern und reagieren den Kindern gegenüber wie Vorgesetzte. Uns fehlt der Sinn für das Angemessene, weil wir uns nicht die Zeit genommen haben zu ermitteln, wo wir sind.

Nur wenige Menschen erledigen ihre Angelegenheiten mit dem sicheren Auftreten einer Ente, die zwei Tierarten in sich vereinigt, die im Wasser die eine Art und in der Luft die andere Art ist – und diese beiden Umgebungen nie verwechselt. In der ersten verstaut sie ihre Flügel auf dem Rücken, zieht den Hals ein, streckt ihre Füße mit den Schwimmhäuten aus und paddelt umher, gründelt oder taucht, während sie Nahrung sucht. In der anderen zieht sie die Füße ein, reckt den Hals, entfaltet ihre Flügel und schlägt kraftvoll damit, während sie fliegt.

Ich saß in der Mitte des Dingis, das Gesicht zum Heck und mein Ziel irgendwo hinter mir, eine Landmarke, die ich nicht sah. Wohin ich fuhr, mußte ich anhand dessen bestimmen, wo ich gewesen war, eine Wahrnehmungsfähigkeit, die mir gute Dienste leistet – denn die Ziele in meinem Leben und besonders in meiner Arbeit sind nicht immer sichtbare Lichtpunkte an einer vor mir aufragenden Küste. Sie sind in meiner Vorstellung fixiert, verschleiert und undeutlich, und am besten kann ich sie ausmachen, wenn meine Augen geschlossen sind. Allzuoft bin ich gezwungen, mich ihnen rückwärts zu nähern, wie ein Junge in einem Ruderboot, und mich von einem inneren Richtungssinn leiten zu lassen, der mir sagt, daß ich auf Kurs bin, den Ort anpeile, den ich erreichen will.

Mit der Zeit also wurden das Ruderboot und ich eins – wie der Bogenschütze und sein Bogen oder der Maler und seine Farbe. Was ich lernte, war keine Beherrschung des Elementes, es war die Beherrschung meiner eigenen Person: Und letztendlich geht es bei jeder Art von Sieg und Überwindung nur darum. Wir bringen unsere Kinder in die Jugendliga, damit sie die angeblichen Nützlichkeiten von Teamarbeit und Wettstreit lernen, womit wir das Beherrschen anderer im Sport sowie im Leben meinen. Aber im Leben, im wirklichen Leben, werden wir nicht gegeneinander aufgestellt, sondern gegen uns selbst; und unsere wahren Siege sind fast immer jene, die wir allein erringen. Wenn wir unsere Kinder Selbstvertrauen lehren wollen, sollten wir sie nicht aufs Baseballfeld oder auf den Fußballplatz bringen. Wir sollten mit ihnen an einen Fluß, einen See oder eine Bucht gehen und sie dort lernen lassen, ein kleines Boot zu rudern.

3

»Der Wille eines Jungen ist der Wille des Windes …«

Die blaue Slup sah ich lange, bevor ich wußte, daß sie einmal mir gehören würde. Ich stand bei der Schiffswerft auf dem Damm, als sie plötzlich Gestalt annahm. Sie glitt den Salzwasser-Creek herab, vor dem Wind, die weißen Segel gebläht, anmutig wie ein Schwan. Als sie vorbeifuhr, zog der stehende Rudergast die Pinne zu sich hin, vom Segel weg; die Slup beschrieb einen weiten Bogen über den Creek, wendete in der sanften Brise und hielt auf die Bucht zu. Einen Moment später war sie weg, aber ihr glatter Holzrumpf und ihre hellackierten Decks blieben auch nach ihrem Verschwinden in meinem Geist und Gedächtnis haften.

Ich wollte diese blaue Slup haben, hatte aber keine Ahnung, wie ich es anstellen sollte, sie zu bekommen. Sie segelte in weiter Ferne, und am besten wäre es gewesen, sie einfach zu bewundern, wie ein jugendlicher eine schöne Frau bewundert – insgeheim und von weitem. Eines freilich wußte ich nicht: nämlich daß wir unseren Wünschen entgegenwachsen, genau wie eine Blume der Sonne entgegenwächst. Wir erreichen unser Ziel nicht durch Zupacken, sondern durch Affinität. Das Boot und der Junge, der Junge und das Boot – sie werden zueinander hingezogen, und wenn die Leidenschaft stark genug ist, kann keine Kraft im

Himmel oder auf Erden sie voneinander fernhalten. Der Wunsch lenkt die Kräfte des Unterbewußtseins, und dieses führt zuletzt unweigerlich ans Ziel.

In den Tagen danach wurde die blaue Slup für mich zum Eleganzmaßstab, den ich an jedes andere Boot anlegte, das ich sah. Es gab kein zweites wie sie, und während ich auf dem Werftgelände herumbummelte, die Schiffe auf dem Trockendock und im Wasser untersuchte und ihre Eigner beobachtete, wie sie an Bord ihrer Luxusjachten stiegen und davonsegelten, spielte ich ein imaginäres Spiel. Ich gab vor, eine übernatürliche Kraft beschwören zu können – und das war wohl das eigene Unterbewußtsein –, eine Art Dämon oder Geist, der zu nur sagte: »Wähle von allen Booten, die du je gesehen hast, dasjenige aus, das mir am besten gefällt, und ich werde es zu deinem Boot machen.« Ohne Zögern wählte ich die blaue Slup, die ein Sommerwind aus dem Nichts herbeigeweht hatte.

Natürlich war das ein Tagtraum, und Tagträumen gehört zu den Beschäftigungen, die unsere Gesellschaft mit ihrem Hang zu produktiver Betätigung verpönt: »Hör auf, mit offenen Augen zu träumen! Verbringe deine Zeit mit etwas Nützlicherem!« Noch heute spüre ich den Stachel dieses Tadels Erwachsener, der mich aus meinen Knabenphantasien riß. Ich bekam diese Rüge von meinen Lehrern, meinen Pflegeeltern und sogar den Eltern meiner Freunde zu hören – alle schienen in einer einzigen Verschwörung mich daran hindern zu wollen, in meine Privatwelt zu entschlüpfen.

Ein schlechter Rat, das Tagträumen zu lassen! Es ist mir heute genausowenig möglich, ihn zu befolgen, wie damals (denn der verträumte Junge ist Vater des verträumten Mannes). H. W. LONGFELLOW hatte recht:

»Der Wille eines Jungen ist der Wille des Windes/
Und die Gedanken der Jugend sind weite,
weite Gedanken.«

Und es gibt keine Ermahnung, die scharf genug wäre, um die Tagträume im Kopf eines Kindes auszumerzen. Statt sie zu unterdrücken, sollte man das Kind auffordern, sich von ihnen führen zu lassen, denn sie sind die echten Vorboten seines künftigen Ichs. Sie zeigen ihm, wer es ist, was es will und in welche Richtung es streben sollte.

Wir ignorieren solche Visionen zu unserem Schaden, denn im Gegensatz zur herkömmlichen Meinung sind sie keineswegs so wertlos, wie es scheint. Sie entspringen einer kondensierten Sehnsucht, sich mit dem Geist der Wahrheit und Schönheit zu vereinigen, der uns allen innewohnt. Viel stärker, als uns bewußt ist, verlangt uns nach den Symbolen dieser Vereinigung, denn sie befähigen uns zum Leben. Es war also weniger die blaue Slup, die ich so gern haben wollte, als vielmehr die Vorstellung von ihr, denn sie war für mich damals der anmutigste Gegenstand, den ich je gesehen hatte.

Mir stand die Wahl offen, das weiß ich heute. Ich konnte den Traum ersticken, abwürgen und die physische Strafe für diese Unterdrückung zahlen. Die Mindeststrafe wäre gewesen, daß mir auf der Nasenspitze eine riesige Warze wüchse. Ich konnte den Traum aber auch fest in meinem geistigen Auge fixieren und unter Zuhilfenahme aller verfügbaren Mittel unerschütterlich auf ihn zugehen. In der Rückschau ist klar, daß ich letzteren Kurs einschlug, was mir damals aber keineswegs bewußt war. Ich war auf das Werftgelände gegangen und hatte mich mit dem Kapitän angefreundet, der mir beibrachte, erst einmal ein kleines Boot zu rudern – und danach wartete ich und wartete ich auf eine Gelegenheit, meine neuerworbene Fertigkeit in der Great South Bay, diesem Paradies für jedes Seglerherz, auf die Probe zu stellen.

Ich hatte einen Klassenkameraden, der in Strandnähe wohnte; als ich ihm sagte, Kapitän HARRISON WATTS sei »ein persönlicher Freund von mir«, war ich in seinen Augen sofort berühmt. Er lud mich ein, mit dem Segelboot seines älteren Bruders eine Spazierfahrt zu machen. Das Boot erwies sich als segelfähiges Dingi und war kaum größer als das Ruderboot des Kapitäns; es hatte ein einziges Segel und schwankte heftig, sogar bei leichter Brise.

Wir wechselten uns am Ruder ab. Manchmal wendeten wir das Boot gezielt, öfter aus Versehen. Aber ich war meinem Traum nähergekommen, ohne es recht zu merken. Ich befand mich nicht mehr auf dem geschützten Salzwasser-Creek, sondern in der böigen Bucht, und statt ein Riemenpaar zu pullen, nutzte ich die Kraft, die dem Wind innewohnte, um mein Ziel anzusteuern.

Für mich stand fest, daß ich ein eigenes Boot haben mußte, irgendein Boot. Ich überlegte, ob ich mit meiner Tante und meinem Onkel, bei denen ich lebte, über meinen Wunsch sprechen sollte. Sie waren jedoch keine begüterten Menschen, und nach meinem Gefühl konnte ich sie nicht um eine so hohe Geldsumme bitten. Sie wußten, daß ich meine Freizeit größtenteils damit zubrachte, über Segelboote zu reden oder tatsächlich zu segeln, aber ich war überzeugt, sie würden meine alles verzehrende Sehnsucht nach einem eigenen Boot als Marotte eines Jugendlichen abtun, die im Lauf der Zeit verschwände.

Eine falsche Einschätzung – denn als der rechte Zeitpunkt kam, halfen sie mir in einer Weise, wie ich es nie erwartet hätte! Sie versorgten mich nicht mit Geld; sie verhalfen mir zu etwas viel Besserem: einem Unternehmer, der ihr neues Haus baute und ein Motorboot besaß. Der Mann hieß ED DOUBRAVA, und ich wurde nicht müde, ihm zuzusehen, wie er Bretter abmaß und Nägel einschlug, während das Stützwerk des Hauses Zimmer für Zimmer rund um ihn entstand, nach meinem Eindruck eher durch Zauberkraft als durch Konstruktion. Der hagere Mann mit dem verwitterten Gesicht und dem schütter werdenden grauen Haar bewegte sich voll müheloser Anmut, und das trotz einer körperlichen Behinderung, die ihm (wie ich von meinem Onkel erfuhr) eine Kinderkrankheit eingetragen hatte.

Er war als kleiner Junge an Kinderlähmung erkrankt, die seine linke Körperseite und vor allem seinen Arm befallen hatte. Seine linke Hand reichte nur bis zur Taille, aber der Arm selbst war dank der manuellen Arbeit voll entwickelt und muskulös. Als ich Ed kennenlernte, bildete der verkürzte Arm für mich sein auffälligstes körperliches Merkmal, doch als ich ihn dann besser kannte, bemerkte ich diesen Unterschied kaum mehr.

Ed redete während der Arbeit mit mir und zog mich manchmal zu Hilfsdiensten heran. Anfangs brachte ich ihm Schindeln, später zeigte er mir, wie man Verkleidungsteile aufnagelte und das Dach schindelte. Immer wenn sich die Gelegenheit ergab, erzählte ich ihm von meinem Segeltraum, und er nickte wissend, ohne irgendeinen Kommentar. Als das Haus fertig war, bot er mir einen Sommerjob als sein »Lehrling« an. Ich sollte ihm bei der Reparatur windbeschädigter Häuser helfen, die am Strandwall des Atlantiks standen.

Wir verließen Bay Shore jeden Morgen um sieben Uhr mit seinem Motorboot und fuhren über die Bucht. Ed kannte die Kanäle und alle Abkürzungen, die man bei Flut über die Sandbänke und Flache nehmen konnte. Dieses Wissen gab er an mich weiter. Ich lernte, an der Farbe des Wassers zu erkennen, wann man sich sicher genug fühlen konnte, um langsam über Untiefen zu gleiten, und wann man besser den längeren Weg um sie herum nahm.

Ed und ich verbrachten eine Woche zusammen, lebten an Bord seines Bootes, das in einem idyllischen toten Arm namens Oak Island vor Anker lag, während wir ein von einem Hurrikan umgeworfenes Strandhaus aufrichteten. Eines Tages ging er nach der Arbeit in das hohe Schilfgras neben dem Haus und zog einen Entenjagdkahn hervor, der von seinem Besitzer zu einem behelfsmäßigen Segelboot umgemodelt worden war. Während ich aus dem Staunen nicht mehr herauskam, erklärte er, das Boot gehöre mir, es sei ihm gratis überlassen worden von einem Freund, der keine Verwendung mehr dafür habe.

Es gab nur ein Problem: Das Boot hatte zwar einen Mast und einen Baum, aber kein Segel. Ich sprach mit meiner Tante darüber, die eine ausgezeichnete Näherin war. Sie schnitt ein paar alte Bettlaken zurecht und nähte sie zusammen, sie waren nicht so fest wie ägyptische Baumwolle, das damals bevorzugte Segelmaterial, aber sie paßten perfekt zu dem umgebauten Kahn. Nun hatte ich ein eigenes Segelboot.

Auf der ersten Fahrt segelten Ed und ich das Boot um Oak Island herum, eine Umschiffung, wie ich sie nie vergessen werde. Wir glitten in zwei Fuß tiefem Wasser dahin, so nahe am Sumpfland, daß wir den salzigen Wind im Schilf rascheln hörten. Vor der Nordseite der Insel deutete Ed auf ein Paar schlanker Vögel mit schwarzem Rücken und gegabeltem weißen Schwanz, die querab vom Bug vorbeiflogen. »Scherenschnäbel«, sagte er und zwinkerte in die Sonne. »Sie waren schon da, als ich noch ein Kind war. Sie sind seit einer Million Jahre da, glaube ich.«

Danach segelte ich das Boot allein. Im Verlauf des Sommers zogen Ed und ich von einem der Häfen auf Fire Island zum nächsten, den umgebauten Entenjagdkahn im Schlepp. Ich saß auf dem Spiegel und schaute zu, wie mein Segelboot gehorsam dahinglitt, auf der Kielwelle des Motorboots ritt. Als der Sommer sich seinem Ende zuneigte, hatte ich die nötige Reife für etwas Größeres als einen umgebauten Kahn erlangt – und inzwischen war auch mein Onkel überzeugt, daß er »etwas in mich investieren« könne, wie er sich ausdrückte, ohne ein Risiko einzugehen.

Im folgenden Frühjahr fand Ed in einer Werft an der Bellport Bay, weiter östlich an der Küste Long Islands, eine Slup. Sie war 5,8 Meter lang, hatte statt eines Kiels ein Mittelschwert, das auf und ab hüpfte, und einen Satz guter Segel. Auch der Preis stimmte: etwa 350 Dollar. Mein Onkel stellte einen Scheck aus; und sobald sich wärmeres Wetter einstellte, segelte ich sie nach Hause.

Das Boot war vernachlässigt; es hatte einen runden Boden und vergeudete eine Unmenge Energie, weil es dahinschlingerte wie ein Nilpferd, statt das Wasser zu durchschneiden wie eine Robbe. Es war nicht gerade der hübscheste Anblick, wenn es vor Anker lag, und nicht das leistungsstärkste unter Segel, aber es gehörte mir. Ich segelte es zwei Jahre lang, beherrschte seine Eigenarten beziehungsweise lernte, mit ihnen zu leben.

In dieser Zeit sah ich die blaue Slup oft. Sie erschien vor Fire Island am Horizont, glitt unter düsterem Himmel an Stränden der Südküste vorbei, blieb flüchtig wie eh und je, das Phantom meiner Wachträume. Und dann, gegen Ende des zweiten Sommers mit meinem dicken, runden Boot, stieß ich unvermittelt auf eine Anzeige im *Bay Shore Sentinel* (Wächter), dem Lokalblatt:

> *Timber-Point-Slup*, 7 m lang,
> mit hellem Deck und blauem Rumpf.
> Zwei Satz Segel plus Spinnaker.
> $ 1250 Festpreis.

Ich zeigte das Inserat meinem Onkel (nur zu seiner Information, sagte ich mir, denn ich wagte nicht, irgendwelche Hoffnungen zu hegen). Noch heute sehe ich ihn vor mir, wie er es unendlich lange studierte. Schließlich fragte er: »Was glaubst du, wieviel wir für das Boot erzielen können, das du jetzt hast?«

»Vielleicht fünfhundert«, antwortete ich. »Und ich habe hundertfünfzig Dollar von meinem Verdienst bei Ed gespart.«

»Na dann«, sagte er, »warum gehen wir nicht zur Werft hinunter und schauen uns deine *Timber Point* an?«

Wir standen nebeneinander, musterten den auf

Werftstapelblöcken aufgekeilten Rumpf. Die Slup war mit dem bloßliegenden kupferroten Boden und dem kräftigen Kiel auf dem Trockenen genauso schön wie im Wasser.

Ich sah, daß sich mein Onkel Sorgen machte. »Ein ganz schöner Brocken von Fahrzeug«, meinte er. »Wenn du das erstemal ausläufst, nimmst du besser jemanden mit, der weiß, wie man ein so großes Boot segelt.«

Alle die Begleitumstände – der Schulkamerad und das Segelboot seines Bruders, Ed und der umgebaute Entenjagdkahn seines Freundes – könnten als Zufälle erscheinen, als schieres Glück, bloße Geschehensfügung. Genausogut hätte sein können, daß ich meine Tante nicht bat, mir ein Segel zu nähen, oder meinem Onkel die Zeitungsanzeige nicht zeigte. Doch ich stelle eine solche Auslegung der Ereignisse in Frage. Ich hatte einen Traum, hielt an ihm fest, nährte ihn, gab ihn nie auf. Dieser Traum beherrschte mein Handeln als Jugendlicher und verwandelte letztendlich mein Leben. Die Schritte zu seiner Verwirklichung waren keine Zufälle.

Ich brachte die blaue Slup in einem langen Kanal unter, den auf jeder Seite eine Straße säumte; und ich wäre alles andere als ehrlich, gäbe ich nicht zu, daß mich ein gewisser Besitzerstolz erfüllte. Es freute mich immer, wenn Fahrzeuge auf der Straße langsamer wurden und ihre Lenker das Boot bewunderten – besonders wenn ich an Bord war und die Segel heißte, um abzulegen. Hätte das Boot für mich jedoch bloßen Zierat bedeutet wie ein Schmuckstück oder ein modischer Hut, wäre es den Traum kaum wert gewesen.

Nein, das Boot war mehr als ein Holzrumpf, ein

Bleikiel und Segelleinwand. Das Boot war die Verwirklichung dieser inneren Vision von Wind, Wasser, Gezeiten, Dreimastern und salziger Luft; es stellte die Summe, die Manifestation eines Jungenlebens dar, wie es war, werden sollte, sein mußte. Das Boot war auch kein »Ersatz«, keine Plastikschale, sondern authentisch, das Wesentliche des Lebens selbst, jenes Lebens, nach dem ich mich sehnte, das in mir aufstieg und nicht sterben würde, bis ich selbst starb, mit jeder Stunde, jedem Tag ein kleines bißchen mehr.

Würgen wir den Traum in uns ab, töten wir uns selbst, auch wenn das Blut weiterhin in unseren Adern fließt. Die Zeichen solch lebendigen Totseins können wir überall sehen: auf Einkaufsstraßen, in Kaufmärkten und Warenhäusern, bei den Scharen hektischer Weihnachtseinkäufer. Wir sehen Menschen wie von einer fremden Macht getrieben umhereilen, zwanghaft kaufen, als hofften sie, durch Geldausgeben, durch den Erwerb von irgendwelchen Waren einen Schmerz betäuben zu können, von dem sie gar nicht wissen, daß sie ihn haben.

Ich kenne ein Ehepaar, das versucht, mit Einkaufstouren eine hartnäckige Traurigkeit zu vertreiben, die es Tag um Tag zu überwältigen droht. Wenn nun die Depression für die beiden unerträglich wird, kaufen sie neue Wohnzimmermöbel. Das hilft – für eine Weile. Doch mit der Zeit übermannt die Traurigkeit sie wieder, ohne daß sie wissen, warum. Ich glaube jedoch, daß ich es weiß: weil Möbel keinen Traum erfüllen, nur Zubehör sind, Staffage ihres ansonsten leeren Lebens.

Und wie steht es mit all den prahlerischen Menschen, die Geld und Märkte manipulieren, um auf weit größerer Ebene Reichtümer scheffeln zu können? Sie besitzen um des Besitzens willen, rafften um des Raffens willen. Wir beobachten voll Faszination, wie sie losstürzen, Glanz und Glitter an sich reißen, die Hand ausstrecken und alles packen, was sie haben wollen, offenbar ohne jeden Skrupel. Wir bewundern sie, obwohl wir sie verurteilen, denn sie scheinen eine Kühnheit zu besitzen, die uns fehlt.

Die Lebenseinstellung dieser Menschen ist jedoch mit einem Problem behaftet: Was sie ergreifen, genügt ihnen nie, also ergreifen sie immer mehr, bis sie zu ihrer Verwunderung feststellen, daß ihnen alles, was sie zu besitzen glauben, durch die Finger rinnt wie Sand. Der Junge jedoch, der von einer blauen Slup träumt, sie dann irgendwann sein eigen nennen darf, sich daran freut und sie an jemand anderen weitergibt, nachdem sie für ihn ihren Nutzen verloren hat – dieser Junge besitzt für alle seine Tage eine blaue Slup.

4

Ich lausche dem Wind – und er sagt mir, was zu tun ist

Am Tag meiner ersten Probefahrt wehte der Wind mit zehn Knoten aus Südwesten und frischte dann auf mehr als fünfzehn Knoten auf. Als ich aus dem langen Kanal hinaus zur Bucht kreuzte, war die See vom Festland bis hinüber zu dem acht Meilen entfernten Strandwall eine wogende Masse weißer Schaumkronen. Ein Segelboot segelt nicht direkt in den Wind hinein, sondern in einem spitzen Winkel von etwa fünfundvierzig Grad zu ihm. Ich aber wollte möglichst genau auf Kurs bleiben, während ich nach Süden auf die seichten Fischgründe zustrebte, wo ich die *Nimrod* wußte. Am fernen Horizont sah ich den glänzenden Wasserturm von Saltaire, einem Sommerort auf Fire Island. Er war wie ein Gottesgeschenk, genau die Landmarke, die ich suchte. Ich rechnete mir aus, daß ich, wenn ich ihn anvisierte und meinen Kurs ohne Rücksicht auf Wind und Wellen hielt, meine Slup mit dem richtigen Winkel segeln würde, um das Maximum aus ihr herauszuholen. So etwas passiert, wenn wir aus dem Gleichgewicht geraten: Statt aufmerksamer auf unsere unmittelbare Umgebung zu achten, suchen wir nach einem weit entfernten Fixpunkt, in der vagen Hoffnung, er werde uns vor dem Ertrinken bewahren.

Ich saß ganz oben auf der luvseitigen Bordwand,

dem Segel gegenüber, als Gegengewicht zur Kraft des Windes; jedesmal, wenn die Slup leewärts krängte und die Segel fast das Wasser berührten, glitt mir die Pinne aus der Hand. Während sich das Boot von selbst aufrichtete, packte ich die Pinne mit ganzer Kraft – nur um sie von neuem zu verlieren, sobald die Slup wieder krängte. Ich kam auf der Bucht voran, allerdings schwankend wie ein Betrunkener. Aus lauter Panik wagte ich nicht, die Luvbordwand zu verlassen, denn ich fürchtete, das Boot könnte kentern, wenn ich mein Gewicht zu weit auf die Leeseite verlagerte.

Als ich etwa fünf Meilen vom Festland entfernt war, entdeckte ich die stämmige *Nimrod;* sie lag mit Hobbyfischern an Bord in den Untiefen vor Anker – und der Kapitän winkte wild gestikulierend zu mir herüber. Nach meinem Dafürhalten stand die Flut so hoch, daß ich die längliche Sandbank überqueren konnte, ohne auf Grund zu laufen. Ich segelte unters Heck der *Nimrod* und drehte dann in den Wind, wobei ich zwischen den beiden Rümpfen gut zehn Meter Raum ließ. Ein sicherer Abstand, wie ich meinte, und er hätte auch bei weitem ausgereicht, hätte ich einen leichten umgemodelten Entenjagdkahn oder ein schlingerndes Nilpferd gesegelt. Doch im Vergleich zu meiner neuen Gebieterin war jedes meiner vorherigen Boote ein hüpfender Korken.

Die Slup hatte ein fünfhundert Kilo schweres Bleigewicht im Kiel, und das verlieh ihr Schubkraft – ein Lebenselement, über das ich noch viel lernen mußte. Das Boot weigerte sich anzuhalten; es durchpflügte weiter kraftvoll das Wasser, obwohl ich es in den starken Wind und die schwere See gedreht hatte. In letzter Sekunde versuchte ich abzudrehen, doch in meiner Verwirrung bewegte ich die Pinne auch noch in die falsche Richtung. Der scharfnasige Bug meiner Slup rammte den Schandeckel der *Nimrod* und bohrte ein großes Trumm aus der Planke heraus. Der Kapitän stieß einen leisen Klageschrei aus, aber ich wußte, daß ihn mein fahrlässiges Manövrieren mehr ärgerte als der Schaden am Rumpf.

Er verschwand in der Kajüte der *Nimrod,* tauchte mit einer Säge in der Hand wieder auf und stieg auf meine Slup herüber. Im Cockpit angelangt, sägte er meine sechs Fuß lange Pinne mittendurch, ohne Erlaubnis und ohne Umschweife.

»Verdammt zu lang«, sagte er als Erklärung; dann wies er mit der Hand auf das wogende Wasser und fügte hinzu: »Bei der leichten Brise mußt du dich hierher setzen, auf die Leeseite!«

Er hockte sich im Cockpit auf die Leeseite – genau an die Stelle, wohin ich mich nicht zu setzen gewagt hatte – und befahl mir, abzulegen. Er saß auf den Bodenbrettern, die zugestutzte Pinne über der rechten Schulter. Sie ragte an seinem Ohr vorbei, und er packte sie nicht, als hinge sein Leben daran (wie ich es gemacht hatte), sondern hielt sie leicht zwischen Daumen und Zeigefinger. Es war, als lausche er auf die Geräusche des Wassers, die durch den Ruderpfosten in die Finger seiner Hand stiegen. Er wirkte wie ein Musiker, der ein fein gestimmtes Instrument spielte.

»Du mußt den Wind erklettern«, sagte er zu mir. »Wenn du ein Boot segelst, mußt du während der ganzen Zeit auf den Wind klettern.«

Er erklärte mir, daß ich, wenn ich auf der Leeseite säße, unter dem Großsegel statt auf der Bordwand ihm gegenüber, die hintere Kante der Fock sehen könne, des kleinen Vorsegels vor dem Masten. »Segle mit der Fock«, sagte er. »Beobachte sie bis ganz nach oben. Laß das Boot auf den Wind klettern, bis die Fock an der Spitze ganz leicht schlaff wird, dann gib eine Haaresbreite nach, bis das Flattern aufhört. Und wenn das Boot beschleunigt, kletterst du etwas höher auf den Wind.«

Im Lauf der Jahre begegnete ich unzähligen Seglern, die sich in der Segeltheorie auskannten und keine Hemmungen hatten, sie mir zu erklären – bis ins kleinste technische Detail. Das Problem war nur, daß sie entweder nicht segeln konnten oder daß, falls sie es konnten, das Poetische eines dahingleitenden Bootes aus ihrem Gesichtskreis verschwunden war. Doch mittels der lebendigen Bilder des Kapitäns – »den Wind erklettern« – nahm ich zum erstenmal das sensible Gleichgewicht zwischen mir, meinem Boot und der See wahr.

Der im Sommer auf der Great South Bay vorherrschende Wind weht in einem täglichen Rhythmus aus Südwesten. Er erhebt sich morgens über dem Atlantik, gewinnt tagsüber an Stärke, wenn die Sonne das Land erwärmt, und wird gegen Abend schwächer, wenn das Land seine Wärme abstrahlt. Als Segelneuling hielt ich den Sommerwind für so zuverlässig, so stetig, daß ich glaubte, danach einen Kurs festlegen zu können. Ich mußte erst noch dahinterkommen, daß mich der Wind im Hinblick auf seine Richtung und Geschwindigkeit ständig täuschte und daß ich mich, wenn ich segeln wollte, gut segeln wollte, an Feinheiten orientieren mußte, die meine Sinne kaum wahrzunehmen vermochten.

Der Wind konnte plötzlich an irgendeinem Zeitpunkt etwas an Stärke zunehmen. Geschah dies, verlagerte er sich unmerklich um einen oder zwei Kompaßstriche nach Westen. Im nächsten Augenblick konnte er nachlassen. Geschah dies, verlagerte er sich um einen oder zwei Kompaßstriche nach Süden. Solche Veränderungen entgingen vielleicht mir, nicht aber der Slup. Bei jedem leichten Hauch ging sie aus eigenem Willen höher an den launischen Wind, als besitze sie selbst Wissen.

Ich mußte also aufhören, mit Gewalt zu steuern, und auf das achten, was die Slup machen wollte. Ich mußte die Pinne behutsam zwischen Daumen und Zeigefinger halten, wie der Kapitän es mir gezeigt hatte. Ich mußte dem Boot seine Freiheit lassen, es auf den Wind klettern lassen, bis das Vorsegel ganz leicht flatterte; und dann mußte ich ein kleines bißchen vom Wind wegsteuern, bis die Brise das Vorsegel von neuem füllte und das Flattern aufhörte. Nahm der Wind wieder zu, mußte ich ihn erklettern, den Wind erklettern – und meine Seele von der Begeisterung über die auf den Wellen reitende Slup erfüllen lassen.

Eins sein mit dem Wind bedeutet, auf der Welt zu Hause zu sein, frei zu sein von moralischen Urteilen. Ein Segler, der es ablehnt, sich nach dem Wind zu richten, bestimmt seinen Kurs anhand einer Marke an Land, eines Wasser-, Leucht- oder Kirchturms. Er hält stur an dieser Marke fest, etwa so, wie ein König an seiner Krone oder ein Eiferer an seiner Überzeugung festhält. Er ist immun gegen die Strömungen, die seinen Kopf umwirbeln. Er segelt nicht den Wind; er segelt seine Dogmen, und seine Dogmen töten seine Sinne ab, rauben ihm seine Fähigkeit zu sehen, zu denken, zu fühlen, auf sein Dilemma zu reagieren.

Ein solcher Segler ist ein Verschwender; er verbraucht mehr Wind als nötig, um dorthin zu gelangen, wohin er will – folglich ist er im Rennen gegen den Wind zwangsläufig der letzte, der die Ziellinie überquert. Doch das ist noch milde gesprochen, denn unter all den Rudergängern, die ich kenne, ist ein solcher Segler derjenige, der am wenigsten Freude empfindet, weil für ihn das Licht ausgegangen ist. Letztendlich hat er für seinen Törn nichts vorzuweisen als seine Prinzipien, und das ist seine Tragödie.

Er ist der Richter, der sich weniger für das Opfer als für die Buchstaben des Gesetzes interessiert, der Chef, den seine Arbeitnehmer und ihr Wohlergehen weniger interessieren als seine auf kurzfristigen Gewinn ausgerichteten Ziele. Typisch für solche Menschen ist ihre absolute Unbeweglichkeit. Sie lehnen es ab, sich anzupassen; sie halten gewissenhaft an ihren Regeln, ihren Vorschriften, ihren Zeitplänen fest, selbst wenn ihre seichte Welt rund um sie einstürzt. Wir fragen uns, warum sie ihre selbstzerstörerischen Ziele so hartnäckig verfolgen. Die Antwort liegt darin, zumindest teilweise, daß sie wie Segler sind, die nicht gelernt haben, den Wind zu erklettern.

Ich gelange jetzt, an diesem späten Zeitpunkt meines Lebens, ganz klar zu folgender Erkenntnis: Ich habe kein Ziel, kein wirkliches Ziel im buchstäblichen Sinn. Das Ziel, der Ort, zu dem hin mein Leben tendiert, ist die Reise als solche und nicht der endgültige Zielort. *Wie* ich dort hinkomme, ist wichtig, nicht so sehr, ob ich dort ankomme, auch wenn natürlich feststeht, daß ich ankomme. Der Weg ist das Ziel. Und versuchen muß ich jetzt mehr denn je, daran zu denken, dem Wind zu lauschen – dann wird der Wind mir auch sagen, was zu tun ist.

5

Das Boot und seine Geschichte

Ich dachte über meine blaue Slup nach. Woher kam sie? Wer hatte sie gebaut?

Gekauft hatte ich sie von einem Marinearchitekten, der ihre Decks abgezogen und ihre Takelage nach seinem Geschmack verändert hatte, aber das war eine Renovierung gewesen, keine Erschaffung.

Irgend jemand hatte sie vor ihm besessen und zweifellos davor jemand anderer. Der Erstkäufer, wer immer er sein mochte, hatte sie von einer Werft in Greenport erworben, weit draußen am Nordende Long Islands, wo in den zwanziger Jahren alle *Timber Points* gebaut worden waren. Meine war als dritte vom Stapel gelaufen; das wußte ich, weil sie eine 3 auf ihren Segeln hatte.

Aber sie hatte Vorläufer gehabt, Schiffe, die segelten, bevor sie auf Kiel gelegt worden war, Jahrhunderte bevor sie erdacht, als geistiges Kind empfangen worden war, denn selbstredend stand sie nicht plötzlich da, mit vollen Segeln und ihrer ganzen angebotenen Weisheit – etwa so wie ATHENE, als sie dem Haupt des ZEUS entsprang.

Ich dachte an die Tugenden, die meiner blauen Slup innewohnten und bei jeder Fahrt deutlicher zutage traten.

Wenn ich die Pinne losließ, drehte sie sich in den Wind wie eine Wetterfahne. Wer hatte sie das gelehrt?

Füllte der Wind die Segel, dann trieb er die Slup seitwärts, doch sie fuhr vorwärts, denn sie besaß einen Kiel, der die Seitwärtsbewegung in Vorwärtsschub umsetzte. Wie kam es, daß sie unter ihrem Rumpf dieses vorstehende Rückgrat zum Steuern hatte?

Sie besaß ein Heckruder. Ergebnis einer neuen Idee. Welcher weise Mensch hatte plötzlich die mechanischen Vorteile erkannt, die ein achtern plaziertes Steuer bot?

War sie an ihrem Liegepfosten vertäut, tauchte sie bis zur Wasserlinie ein. Wer hatte berechnet, wie tief ein Boot liegen, wie weit es aufschwimmen, wieviel Wasser es verdrängen sollte?

War sie auf Fahrt und standen ihre Segel im richtigen Winkel zum Wind, legte sie sich in die Wanten. Krängte sie zu weit, ging ihr der Wind aus den Segeln, und sie richtete sich auf, statt zu kentern. Es war beruhigend, das zu wissen. Aber wer erkannte diese kritischen Beziehungen zwischen Wind, Boot und Segel?

Der Konstrukteur? Nein, das ergab keinen Sinn. Der Konstrukteur hatte zweifellos an irgendeiner Universität Mathematik studiert und sie nach bestem Wissen angewandt, als er die Länge, die Maße des Baums, den Tiefgang und die Segelfläche meiner *Timber Point* berechnete. Aber die Idee hinter der Mathematik – die war älter als er und wichtiger. Sie reichte bis in die Antike zurück.

Gab es in der dunklen Vergangenheit ein bestimmtes Genie, das eines Morgens mit der fertig ausgearbeiteten Vorstellung von einem Segelboot im Kopf erwachte? Ich begann mich mit der Geschichte von Segelschiffen zu befassen – forschte bei den Briten, Spaniern, Wikingern, Römern, Griechen, Phöniziern,

Minoern und Ägyptern –, um zu prüfen, ob sich dieses Genie aufspüren ließ.

Die Phönizier, die einst das Mittelmeer zu ihrem privaten Handelsgewässer gemacht hatten, faszinierten mich am meisten. Sie fällten die Zedern des Libanon und verwandelten sie in windgetriebene Frachtschiffe mit breiten, rechteckigen Segeln und befuhren damit die Meere von Tyrus bis Sidon, Karthago und Cádiz und wieder zurück.

Ein Schiff erzeugte das nächste. So entstanden nordeuropäische Koggen, italienische Karraken, spanische Galeonen und amerikanische Klipper mit so vielen Segeln, daß sie aussahen, als würden sie aus dem Wasser steigen und fliegen.

Arabische Dhauen, chinesische Dschunken, neuguineische Lakatois, portugiesische Feluken, hawaiische Kanus. Überall, wo es Meer und Wind gab, gab es Segel.

Auf meiner begrenzten Wasserfläche sah ich Katboote mit einem Mast und einem Segel, Slups mit einem Mast und zwei Segeln sowie Ketschen, Yawls und Schoner mit zwei Masten und drei Segeln.

Was wünschte sich ein Segler? Stabilität? Geschwindigkeit gegen den Wind? Ein Boot, das vor dem Wind gut lief? Wollte er an Regatten teilnehmen? Kreuzen? Auf einem Meer, einem Fluß, einem See oder einer Bucht segeln? Welchen Ehrgeiz er auch immer hatte, es gab ein Boot für ihn.

Mir gelang es jedoch nicht, jenen einen Menschen aufzuspüren, der als erster die Idee gehabt hatte, ein Segel auf ein Boot zu setzen, um den Wind einzufangen. Unvermittelt kam mir ein Gedanke, oder vielmehr ich erkannte eine Wahrheit, die bei einem

Jungen, den man gelehrt hatte, daß alle Dinge *einen* Anfang an einem Ort und zu einer bestimmten Zeit hätten, alles auf den Kopf stellte. Natürlich konnte ich nicht herausfinden, wer als erster ein Segelschiff ersonnen hatte, weil es nämlich keine solche Person gab. Das vom Wind getragene Boot hatte seinen Ursprung im Geist vieler Menschen gehabt, wahrscheinlich etwa zur gleichen Zeit an verschiedenen Orten, und es hatte sich gleich einem lebenden Organismus seiner Umgebung angepaßt, während es sich weiterentwickelte.

In der Schule hatte ich Geschichten über die großen amerikanischen Erfinder gehört: FULTON und sein Dampfschiff, MARCONI und seinen Radioapparat, EDISON und seine Glühlampe, BELL und sein Telefon, WHITNEY und seine Baumwoll-Entkörnungsmaschine. Dem Vernehmen nach war jeder dieser Männer in seine einsame Dachkammer verschwunden und mit einer großartigen, die Welt verändernden Idee wieder aufgetaucht.

Es gab inspirierende Sagen, die man wohl erfunden hatte, um den Schülern Stolz auf das einzuimpfen, was Lehrer gern als »gute alte Yankee-Genialität« bezeichneten. Meine Forschungen nach den Ursprüngen des Segelschiffs ließen mich jedoch zu der Überzeugung gelangen, daß diese Geschichten total unglaubwürdig waren. Die Technologien, die man solchen Erfindern zuschrieb, konnten sich unmöglich aus dem Nichts materialisiert haben – genausowenig wie mein Segelboot aus dem Himmel heruntergeschwommen sein konnte.

Produkte haben ihre Abstammung, genau wie Menschen, und wenn wir uns die Mühe machen, können wir ihren Familienstammbaum nachzeichnen. Edison,

Fulton, Bell und alle die anderen hatten stumme Partner: die Denker, Mechaniker, Ingenieure und Wissenschaftler der Vergangenheit, bei denen sie in einer unmeßbaren Schuld stehen, ob sie es zugeben oder nicht.

In meinem Geschichtsbuch aus der High-School stand, ORVILLE und WILBUR WRIGHT seien an einem Dezembertag des Jahres 1903 nach Kitty Hawk gegangen und hätten den ersten Flug der Welt in einem mit Benzin angetriebenen Fluggerät unternommen, das schwerer war als die Luft. Einfach so. Ein Flugzeug ist ein Luftschiff, ein Schiff in der Luft. Der Text in dem Geschichtsbuch wies jedoch schwere Fehler auf, denn er überging das Magische, Wunderbare.

Was war mit IKARUS, der so nahe an die Sonne flog, daß seine Wachsflügel schmolzen?

Was war mit ARCHYTAS, jenem griechischen Gelehrten, der eine Holztaube baute, die durch die Luft flog?

Was war mit LEONARDO DA VINCIS bemerkenswerten Skizzen aus dem sechzehnten Jahrhundert, die eine Flugmaschine mit Schlagflügeln zeigten?

Was war mit dem MARQUIS D'ARLANDES und mit JEAN F. PILATRE DE ROZIER, die in einem Leinenballon über Paris flogen?

Was war mit SIR GEORGE CAYLEY, der frühzeitig Grundregeln für ein propellergetriebenes Flugzeug mit Starrflügeln aufstellte?

Was war mit OTTO LILIENTHAL aus Deutschland, der Hängegleiter baute und damit einige hundert Meter weit flog?

Was war mit dem Amerikaner SAMUEL P. LANGLEY, der ein dampfgetriebenes Modell baute, das er als Aerodrom bezeichnete?

Jeder dieser Menschen und jedes dieser Ereignisse

gingen dem Geschehen von Kitty Hawk zeitlich voran, sie alle führten durch eine bewußte, treibende Kraft, einen Elan vital, unausweichlich zu dem schicksalhaften Tag auf den Sanddünen von Cape Hatteras.

Bei unserem vergeblichen Versuch, unsere großen Erfinder in den Himmel zu heben, vergessen wir, daß menschliches Wissen kumulativ ist, ein kooperatives Bemühen. Wir stehen auf den Schultern von Riesen: ARCHIMEDES, GALILEI, NEWTON, DARWIN, EINSTEIN, um nur einige zu nennen. Aber neben jedem großen Menschen gibt es ungenannte andere, die mehr oder weniger zum Aufbau unserer Zivilisation beitrugen – und deren Namen wir nie erfahren werden.

Meine Slup war natürlich ebenfalls keine Idee eines einzelnen Ingenieurs. Zu ihren Ahnen zählten auch Gesang und Bildhauerei. Das konnte ich im Summen ihrer Takelage hören; das konnte ich in der Ausbauchung ihres Rumpfs sehen. Sie stand in der Schuld der Epen HOMERS und der Fugen JOHANN SEBASTIAN BACHS. Sie war ein beredtes Bild des Zwists in unserem Innern, dieses Zwists, der uns zerreißt, dieses endlosen Konflikts zwischen Wissenschaft und Kunst.

Wir können keinen Trennungsstrich ziehen zwischen dem, was wir glauben, und dem, was wir sind. Ich habe Freunde, die in der Literatur den höchsten Ausdruck menschlichen Sehnens sehen, und weil ich selbst Schriftsteller bin, fällt es mir schwer, dieser poetischen Lebenssicht zu widerstehen. Doch in meinen seltenen Momenten von Objektivität erkenne ich, daß es sich hierbei um Chauvinismus übelster Sorte handelt. Ich kann nicht über die Geometrie EUKLIDS klagen und die Dramen WILLIAM SHAKESPEARES preisen, als ob die eine barbarisch und die anderen göttlich wären.

Genausowenig kann ich behaupten, daß die wissenschaftliche Welt eine größere Gefahr für das Überleben des Menschen darstelle als die künstlerische. Denn in Wahrheit läuft die Kunst genauso bereitwillig Amok wie die Wissenschaft. Wie können wir die Propagandamaschine eines GOEBBELS von den Verbrennungsöfen in Buchenwald trennen? Dennoch, es kommt vor, daß die Leidenschaft des Künstlers stärker ist als die Militärmacht des Tyrannen. Wäre dem nicht so, hätte mit VACLAV HAVEL nicht ein einst inhaftierter Dramatiker Präsident der Tschechoslowakei (jetzt Tschechiens) werden können.

Haben wir es erneut mit den im Widerstreit liegenden Welten zu tun, mit denen sich CHET B. SNOW auseinandersetzte? Kunst gegen Naturwissenschaft, Naturwissenschaft gegen Kunst? Ich glaube nicht; nach meiner Meinung existieren die beiden Bereiche nicht als getrennte Wesenheiten. Die Tatsache, daß wir sie trennen, ist Symptom einer allzu menschlichen Malaise, die uns veranlaßt, unser Rasenstück abzustecken und künstliche Grenzen zu errichten, statt sie niederzureißen. Künstler und Wissenschaftler sind Geschichtenerfinder, die einen wie die anderen, und die einen spielen die Träume der anderen aus ... Allerdings gelingt es manchmal kaum, einen parteiischen Menschen zu überzeugen, daß dem so ist.

Ich kenne einen Wissenschaftler, der für ein Großunternehmen forscht und so dogmatisch ist, wie ein gebildeter Mensch es nur sein kann. Er verunglimpft die Malerei, die Literatur und die Musik bei jeder Gelegenheit und behauptet, noch nie ein Kunstwerk gesehen zu haben, das es mit der Eleganz einer binomischen Gleichung aufnehmen kann. Als ich einmal zu ihm sagte, für mich hätten alle Lebewesen eine Seele, ging dieser Forscher und Vertreter der reinen Vernunft mit einem verächtlichen Schnauben weg. Er fragte nicht, was ich mit Seele meinte, wie ich sie definierte. Das wollte er nicht wissen.

Natürlich kenne ich Künstler, die genauso blind sind, die den mechanischen Geist mißachten, als sei dieser zur Erzeugung von nichts anderem als Bomben fähig. Ich bin selbst mißtrauisch gegenüber der Technologie; eine elektrische Schreibmaschine kaufte ich mir erst, als Computer auf den Markt kamen, und einen Computer erst, als meine Verleger verlangten, daß ich ihnen Disketten anstelle getippter Seiten liefere. Ich bin nicht stolz auf meinen Hang, mich protestierend in die Zukunft schleppen zu lassen, als könne ich durch meinen privaten Boykott das elektronische Zeitalter aufhalten.

Wie gesagt, ich kaufte einen Computer, und mittlerweile ist mir klarer, wo ich meine Energien investieren sollte. Genausowenig wie König KNUT DER GROSSE kann ich die Hand heben und die Fluten zum Stehen bringen; genau wie ein Schiff andere Schiffe erzeugt, erzeugt ein Werkzeug andere Werkzeuge. An dem Tag, an welchem wir die Schraube und den Pflug erfanden, erfanden wir auch den Computer und das Flugzeug; unsere Gene trugen sie in sich, und darum war es nur eine Frage der Zeit, bis sie sich manifestierten.

Diese Gedanken, die mich jetzt so intensiv beschäftigen, kamen mir bereits, unformuliert und unausgesprochen, als ich noch ein Junge war und allein mit dem Wind dahinglitt, die Pinne in der Hand. Warum dem so war, weiß ich nicht. Vielleicht suchte ich mittels meiner Slup einen verlorenen Aspekt meiner selbst. Und weil meine Eltern tot waren, gab es für mich in der Gegenwart kein Hindernis, das meinen Blick auf die Vergangenheit verstellte. Wenn ich mein Boot segelte, wenn es auf den Wellen ritt, spürte ich eine mystische Verbindung mit den namenlosen Kunsthandwerkern, die meine Vorfahren waren.

Ich war der Nutznießer ihres kollektiven Genies. Dieses Boot, eine Mischung aus Mechanik und Musik, stellte das größte Geschenk dar, welches sie mir durch die Jahrhunderte hatten zukommen lassen können. Als ich das erkannte, kannte ich auch die Wahrheit über Erschaffung, Schöpfung. Viele Leben, die Jahrtausende zurückreichten, hatten an der Entstehung meiner Slup mitgewirkt, und genauso viele Leben, die in unbekannte Zeiten zurückgingen, hatten an meiner Entstehung mitgewirkt.

6
Die kürzeste Verbindung zwischen zwei Punkten ist eine Zickzacklinie

Ich lud eine schwarzhaarige Sirene namens MARTHA COOGAN ein, mit mir zu segeln. Wie jeder Junge in meiner Klasse fühlte ich mich zu ihr hingezogen, aber ich war gegenüber den anderen im Vorteil, denn ich besaß eine schöne blaue Slup als Lockmittel.

Damals lernte ich in der Schule gerade die Geometrie der Ebene und hatte EUKLIDS ersten und wichtigsten Lehrsatz im Kopf. Die kürzeste Verbindung zwischen zwei Punkten ist eine Gerade. Als ich Martha auf mein Boot einlud, hegte ich vielleicht nicht die »besten« Absichten, aber ich war sicher, den schnellsten, direktesten Weg eingeschlagen zu haben, um mein Ziel zu erreichen.

Martha nahm sofort an. Was mir nicht aufging, war, daß sie auf meinem Boot gesehen werden wollte und weniger mit mir selbst. Sie setzte sich auf den Bug, um Aufmerksamkeit zu erregen, posierte regelrecht in ihrem Badeanzug, doch als eine Welle das Deck bespritzte, zog sie sich ins Cockpit zurück. Martha Coogan mochte es nicht, naß zu werden.

Ich beschloß, nach Saltaire zu segeln, dort die Slup festzumachen und mit Martha über den Strandwall zum Meer zu gehen, wo wir in der Brandung schwimmen konnten. Der Ort auf Fire Island lag jedoch genau gegen den Wind, also mußte ich kreuzen, mein Ziel auf einem Zickzackkurs anstreben. Das störte Martha noch mehr als der Salzgischt, der ihre kunstvolle Frisur verdarb.

»Kann dieses Boot nicht schneller fahren?« wollte sie wissen. »Und warum biegst du in diese blöde Richtung ab? Siehst du denn nicht, daß Saltaire da drüben liegt?«

Fast hätte ich den fatalen Fehler begangen, ihr erklären zu wollen, warum ich nicht schneller segeln konnte und warum ich kreuzen mußte. Doch es gibt Momente, in denen wir spüren, daß Erklärungen sinnlos sind, und dies war ein solcher Moment. Also gab ich zurück: »Ich sag' dir was, Martha. Such dir einen Kerl, der ein schnelles Motorboot hat. Dann kannst du auf der Bucht herumflitzen, wie es dir paßt.« Damit segelte ich wieder ans Ufer und setzte sie auf trockenem Land ab.

EUKLID irrte. Die kürzeste Verbindung zwischen zwei Punkten ist keineswegs eine Gerade – zumindest nicht, wenn man ein Boot segelt oder ein Mädchen umwirbt.

Als ich Martha Coogan das nächstemal sah, befand sie sich mit einem anderen Jungen an Bord eines Bootes, das von zwei starken Außenbordmotoren angetrieben wurde. Die beiden krakeelten auf der Bucht herum, wohl auf der Suche nach sich selbst. Sie zogen mehrere Kreise um mich, und Martha winkte mir sogar in ihrer anmaßenden Art zu, während das Boot vorbeischoß. Dann hielten sie direkt auf Fire Island zu, und ich stellte mir die beiden mit einer gehörigen Portion Neid vor, wie sie in der Brandung schwimmen würden.

Aber nein! Etwa in der Mitte der Bucht wendeten sie und kamen zurück. Sie fuhren erneut an mir vorbei, mit Vollgas in die Gegenrichtung, während ich noch immer auf dem gleichen Schlag war. Ich bewegte mich zwar schräg vorwärts und mit weniger Geschwindigkeit, aber ich wußte, wohin ich wollte, und das war eine Menge mehr, als sich von den beiden sagen ließ.

Das Heck ihres Bootes lag tief im Wasser, erzeugte eine riesige Kielwelle, und sein Boden schlug ständig mit solcher Wucht auf, daß man meinte, ihnen müsse es die Zähne aus den Kiefern hauen. Doch sie warfen lachend die Köpfe zurück, als hätten sie den größten Spaß, und das konnte ja auch sein. Sie mußten überhaupt nicht auf die Elemente achten, von denen primitive Leute wie ich beherrscht wurden, die es vorzogen zu segeln. Sie verfügten über starke Benzinmotoren und konnten durch deren Lärm unmöglich den Wind pfeifen hören.

Ich ärgerte mich natürlich, aber mit zunehmenden Jahren reagierte ich auf solches Verhalten kaum mehr mit Gereiztheit, sondern mit Bedauern und Resignation. Mir tun Menschen aufrichtig leid, die das Bedürfnis haben, sich an eine künstliche Kraftquelle anzuschirren, dann ziellos herumzugondeln und dabei vorzugeben, sie hätten Freude daran; und noch tiefer bedaure ich eine Gesellschaft, die Antriebskräfte liefert, mit deren Hilfe eine solche Irreleitung möglich wird. Die Menschen einer solchen Gesellschaft setzen Bewegung fälschlicherweise mit Leistung gleich, als glaubten sie, dem Schicksal trotzen zu können, wenn sie sich nur schnell genug bewegten.

»Geh außen herum, Peer Gynt, geh außen herum!« Der legendäre Held von HENRIK IBSENS dramatischem

Gedicht versucht Boyg zu verdreschen, des dunklen Reiches unsichtbare Kraft, die ihm im tiefen Wald begegnet, zu ihm spricht und ihm den Weg verstellt. Als ich diese Worte zum erstenmal von einer Bühne herunter hörte, spürte ich sie in meinem Herzen widerhallen, und ich wußte, was die geheimnisvolle, von nirgendwo und überall her kommende Stimme zu sagen versuchte: »Geh nicht gerade an gegen den Gott des Windes, Peer Gynt, denn du kannst nicht obsiegen. Aber verliere auch dein Ziel nicht aus den Augen, denn das Trachten deines Lebens ist es, herauszufinden, wer du bist.«

Der arme, egoistische Peer Gynt ist zu sehr in sich selbst versunken, um das zu begreifen. Er macht sich auf, wandert ziellos durch die Welt, ignoriert die Warnung Boygs. Er verzettelt sich sein Leben lang in wilden Abenteuern, flieht vor seinem Schicksal, weicht den Kernfragen seines Daseins aus und kehrt erst kurz vor seinem Tod in die Heimat zurück, zu Frau und beständiger Liebe, und findet dort endlich sein wahres Selbst.

Mit einem Boot zu kreuzen, einen Zickzackkurs zu segeln, bedeutet nicht, daß wir unseren Bestimmungsort oder unsere Bestimmung verleugnen – auch wenn dies für jene so aussehen mag, die es nie wagen, selbst das Ruder in die Hand zu nehmen. Ganz im Gegenteil: Es bedeutet, daß wir die Hindernisse erkennen, die zwischen uns und dem angestrebten Ziel stehen, dann voll Geduld und Kraft manövrieren, um aus jedem Schlag oder jeder Etappe unserer Fahrt möglichst viel herauszuholen, bis wir unsere Landmarke erreichen.

Die Spiele, die wir spielen, beherrschen im Alltagsleben unsere Aufmerksamkeit – und dies aus Gründen, die wir oft nicht wahrnehmen. Baseball und Football sind unsere nationalen Erfindungen, aus einem einfachen Grund: Sie stellen die Wahrheit über das Leben, das wir führen, genau dar. Ein Schlagmann auf dem zweiten Mal muß, um punkten zu können, erst zum dritten Mal gelangen, auch wenn der schnellste Weg ins Ziel diagonal über das Spielfeld führen würde. Beim Football würde der direkteste Weg nach dem Abspiel geradeaus zum Torraum führen, doch nur selten erzielt man so einen Touchdown, weil zu viele gegnerische Spieler dies zu verhindern versuchen.

Die Art unseres Lebens verlangt in erster Linie, daß wir die Realität meistern. Ich wollte freiberuflicher Schriftsteller werden, seit ich denken kann. Schriftsteller zu sein bedeutet für mich: ich selbst zu sein; das wußte ich instinktiv. Mein Vater war selbständiger Künstler, und ich bin überzeugt, daß das Unabhängigkeitsmodell, das er für mich verkörperte, wenn er an seiner Staffelei arbeitete, lange vor seinem Tod unauslöschlich in mein Gehirn geprägt war. Ich wollte etwas schaffen und das Geschaffene verkaufen, genau wie einst er, denn dies bildete den wahren Maßstab meines Selbstwerts.

Trotzdem vollführte ich manch einen Zickzackkurs, bevor ich einen Zeitschriftenartikel veröffentlichte oder ein Buch verkaufte. In ziemlich jungen Jahren heiratete ich und zeugte Kinder; das war ein tief verwurzelter Trieb in mir, der befriedigt werden mußte. Ich mußte die Familie ersetzen, die ich einst gehabt hatte; ich mußte der Vater werden, den ich verloren hatte. Als ich erst einmal Kinder hatte, mußte ich sie ernähren, und das zwang mich, eine Stellung mit regelmäßigem Gehalt anzunehmen, denn freiberufliches Schreiben ging (und geht heute noch) mit einem im besten Fall unsicheren Lebensunterhalt einher.

Ich arbeitete als Journalist und Zeitschriftenredakteur, eine wichtige Anfangsetappe, denn sie lehrte mich mein Handwerk. Danach arbeitete ich als Redaktionsleiter eines Unternehmens für Öffentlichkeitsarbeit in Manhattan, eine weitere wichtige Etappe, denn sie verhalf mir zu Kontakten und zeigte mir, wie »die wirkliche Welt« (so meine Kollegen) funktionierte. Die Öffentlichkeitsarbeit gab ich auf, um an einer Universität einen akademischen Grad zu erlangen, eine weitere entscheidende Etappe, denn während ich studierte, begann ich zu schreiben und das Geschriebene zu verkaufen.

Die Fertigkeiten, die ich mir als Segler angeeignet hatte, kamen mir zustatten, denn ihnen verdanke ich ein Gefühl für Geschwindigkeit, das ich sonst wohl kaum besäße. In meiner Umgebung sehe ich überall Menschen, die nie eine einigermaßen zuverlässige innere Uhr entwickelt haben und deshalb nie eins mit dem Wind sind. Der ungestüme Mensch wendet zu schnell, wechselt von einer Stellung zur nächsten, von einer Freundschaft zur nächsten, von einer Liebe zur nächsten und verliert bei jeder Wende an Fahrt oder Schwung. Der dumpfe, langsame Mensch dehnt eine Etappe, einen Schlag zu lange aus, investiert zuviel Zeit, Talent und Energie in einen Kurs, der ihn weit weg von seinem erklärten Ziel bringt. Der erfahrene Segler dagegen bleibt auf einem Schlag, solange es ihm vorteilhaft erscheint, und dann, im richtigen Moment, drückt er die Pinne zum Segel hin und ändert gewandt die Richtung.

Jeder Schlag verlangt eine umfassende Neuanpassung. Der Bug schwenkt herum, gegen den Wind. Das Segel schlägt von einer Seite der Slup auf die andere um. Rudergast und Mannschaft wechseln die Position. Das Land ist in einer anderen Richtung sichtbar. Wird jedoch das Manöver zügig ausgeführt, drängt das Boot weiterhin mit einem minimalen Verlust an Schubkraft vorwärts.

Zur rechten Zeit kommen wir an, falls man überhaupt sagen kann, ob wir je ganz ankommen. In Wahrheit liegt hinter jedem Zielort der nächste, also wird der eingefleischte Segler ewig weiterkreuzen.

7
»In Eisen«

Was ist Freiheit? Wir sagen von einem Boot, das leichtfüßig das Wasser durchpflügt, »wie frei es läuft«, wenn wir meinen, wie perfekt es auf die Kraft des Windes eingestellt ist, wie perfekt es dem starken Atem aus dem Himmel gehorcht, der seine Segel füllt. Drehe seinen Bug in den Wind, dann siehst du, wie es zögert und schwankt, wie jede Schot bebt und sein ganzes Gerippe erschüttert wird, wie es sofort »in Eisen« liegt, um in der ausdrucksstarken Redensart der See zu sprechen. Frei ist es nur, wenn man es wieder leewärts vom Strich hat abfallen lassen, und wenn es wieder die gute Anpassung an die Kräfte erlangt hat, denen es gehorchen muß und die es nicht mißachten kann.

WOODROW WILSON
Achtundzwanzigster Präsident
der Vereinigten Staaten

Die Weisheit, die in WILSONS Worten liegt, war mir längst bekannt, als ich sie auf einem Kalender mit berühmten Zitaten entdeckte, den mir der Eisenwarenhändler meines Wohnorts geschickt hatte. Ich stand jedoch tiefer in der Schuld des Ladenbesitzers, als er wußte, denn sein Geschenk erinnerte mich an die schreckliche Panik, die mich erfaßte, als der Wind mich zum erstenmal in Fesseln schlug. Ich war an Bord meiner Slup gegangen, hatte die Segel gesetzt und von meinem Liegepfosten im Hafen abgelegt, völlig überzeugt – in meiner Unschuld –, daß ich keine Mühe haben würde, das offene Wasser zu erreichen, wo eine stete Brise wehte.

Der zwischen Dämmen verlaufende Kanal, in dem ich meine Slup immer festmachte, war etwa anderthalb Kilometer lang, pfeilgerade und schmal, nicht breiter als fünfzig Meter. Kam der Wind von Süden, wie an diesem Sommertag, wehte er direkt die Nord-Süd-Achse des Kanals hinauf, und ich mußte über mehr als die halbe Kanallänge kreuzen, um die Bucht zu erreichen. Ein schwieriges Unterfangen, denn kaum hatte ich auf einem Schlag Fahrt aufgenommen, mußte ich in die Gegenrichtung wenden, um nicht in den Damm, in ein an seinem Liegepfosten vertäutes Schiff oder in einen der rechtwinkelig vom Land herausgebauten Piers zu krachen.

Außerdem konnte man, als genügte dies alles noch nicht, dem draußen auf der Bucht stetig wehenden Wind vom Kanal aus nicht trauen. Er fing sich hinter den breiten viktorianischen Häusern, die nahezu das gesamte Ufer säumten; manchmal fuhr er in einer unerwarteten Richtung um die Veranden auf ihren Vorderseiten, dann wieder blies er in ihre Hintertüren hinein und tauchte nicht mehr auf. Als Folge davon war der Kanal ein wahrer Hinderniskurs, wo einen Flautenstellen, wechselnde Winde und unbewegliche Barrieren erwarteten – ein Geschicklichkeitstest für den erfahrenen Segler und lauerndes Unheil für einen Grünling wie mich.

Ich begann den Kanal hinabzukreuzen, jeder Zick und jeder Zack brachte mich der Bucht näher. Mich erfüllte nur ein Gedanke: auf jedem Schlag möglichst weit nach vorn voranzukommen. Während jener ersten Tage, in denen meine Slup und ich einander kennenlernten, wußte ich jedoch eines nicht: Wenn ich sie beherrschen wollte, mußte ich sie ständig in Bewegung halten, um jeden Preis – und auf die Diktate des wechselnden Windes achten. Tatsächlich war es weit besser, den Kanal wieder hinaufzusegeln, weg von der Bucht, in die Richtung, aus der ich gekommen war, als Fahrt zu verlieren.

Beim Segeln wie auch im Leben ist die Schwungkraft ein wertvolles Gut, eine zweite Antriebsquelle, die uns noch lange in Gang hält, nachdem die ursprüngliche Quelle verschwunden oder aufgebraucht ist. Im Sport neigen wir dazu, jene Athleten zu favorisieren, die auf der Siegerbahn sind. »Ihr Schwung treibt sie voran«, sagen wir gern, womit wir meinen, daß sie über die ihnen innewohnenden Fähigkeiten hinausgelangt sind und mittels ihrer in der Vergangenheit akkumulierten Kraft vorwärtsstreben. Wir vergessen jedoch meist, daß auch das Umgekehrte gilt. Genau wie Sieger dazu tendieren, weiterhin zu siegen, neigen Verlierer dazu, weiterhin zu verlieren, denn das physikalische Prinzip, das die Trägheit beherrscht, ist ein zweischneidiges Schwert. Es beinhaltet, daß ein sich bewegender Körper dazu tendiert, in Bewegung zu bleiben – und ein ruhender Körper dazu, im Ruhezustand zu bleiben.

Ein Segelboot ist auf eine Mütze voll Wind in seinen Segeln angewiesen, damit sein Rumpf das Meer durchpflügt. Wenn wir jedoch wenden, geht sein Bug durch den Wind und durchläuft eine Gefahrenzone. »Drehe seinen Bug in den Wind«, sagt WILSON, »dann siehst du, wie es zögert und schwankt, wie jede Schot bebt und sein ganzes Gerippe erschüttert wird …« Die

Segel verlieren den Wind; sie werden schlaff und schlagen laut. Hat das Boot aber genügend Schwung, dreht es sich weiter, bis der Wind die Segel auf der anderen Seite wieder aufbläht.

Geschieht dies, erleben wir jene wunderbare Erregung, jene Begeisterung, die einen bei plötzlich wiedergewonnener persönlicher Freiheit erfaßt. Das Boot krängt, nimmt mit Hilfe des Windes Fahrt auf, und der Rudergast stößt einen Freudenschrei aus – wenn nicht laut, dann in seinem Innern –, denn er weiß, daß er die Kontrolle über sein Leben und sein Schicksal zurückerlangt hat. Wenn wir jedoch unseren Schwung vergeuden, wenn wir versuchen, ohne genügend angesammelte Kraft durchzukommen, verlieren wir das Element, das für unsere Existenz genauso wichtig ist wie die Luft: Wir verlieren die Freiheit, nach unserer Wahl oder Entscheidung zu handeln. Genau dies passierte *mir,* als ich auf meinem Zickzackkurs zur Bucht segelte.

Auf halber Strecke aus dem Kanal verkalkulierte ich mich schrecklich. Der Wind, der zwischen zwei Häusern durchwehte wie durch einen Trichter, wechselte plötzlich um neunzig Grad. Statt mich ihm anzupassen, segelte ich auf der Wasserstraße im gleichen Winkel weiter und versuchte weiterhin, möglichst große Fortschritte nach vorn zu machen. Ich nahm nicht zur Kenntnis, daß meine Segel flatterten, weil ihnen Wind fehlte, und daß mein Boot schwankte, fast zum Stillstand kam. Ich fuhr so nahe an den Damm, wie ich glaubte riskieren zu können, schob dann die Pinne auf das Großsegel zu, versuchte zu wenden und die gegenüberliegende Kanalseite anzuvisieren. Ich hatte jedoch nicht genügend Schwung, um den Bug durch den Wind zu drehen, und lag, um in der ausdrucksstarken Redensart der See zu sprechen, sofort »in Eisen«.

Ich hätte nicht sagen können, ob das Boot vorwärtsruckte, seitwärts glitt oder zurückdriftete während es zweifellos alle drei Bewegungen vollführte. Verzweifelt rüttelte ich an der Pinne, aber die Slup reagierte nicht auf die Bewegungen des Ruders, denn ein Boot ohne Wind in den Segeln ist außer Kontrolle und ganz auf die Stoßwirkung des Windes angewiesen. Lahmgelegt, fängt es hier ein bißchen Wind ein, dort einen leichten Hauch, verliert ihn aber wieder, bevor es das Segel aufblähen und dem Rudergast jene Vorwärtsbewegung verschaffen kann, die er zum Steuern benötigt.

Ich war völlig hilflos und konnte nicht verhindern, daß der Rumpf meiner schönen blauen Slup an einen Liegepfosten schlug und das Segel sich an einem hölzernen Querträger verfing, der ein Loch in die Leinwand zu bohren drohte. Eine Schar amüsierter Möchtegern-Segler versammelte sich am Ende eines nahen Piers und begann, mir unerwünschte Ratschläge zu geben.

»Reff das Vorsegel!« rief einer.

»Schieb die Pinne andersherum!« wies mich ein zweiter an.

»Laß die Segel herunter!« brüllte ein dritter.

Ich stieg nach vorn auf den Bug, hielt mich an dem Liegepfosten fest, um einen Drehpunkt zu haben, und schwenkte das Boot herum, so daß die Segel den Wind einfangen konnten. Dann stieß ich mich ab, so fest ich konnte. Nicht gerade das eleganteste Manöver, aber es funktionierte. Zurück im Cockpit, holte ich die Segel dicht, und gleich darauf gehorchte die Slup »dem starken Atem aus dem Himmel«, der ihre Segel wieder füllte. Ich kreuzte auf dem Kanal hin und her, achtete sorgsam darauf, keine Fahrt mehr zu verlieren. Ein paar Minuten später segelte ich frei in der frischen Brise, die über die Bucht wehte.

»Jede Wende ist ein Übergangsstadium«, hatte der Kapitän während einer meiner früheren Segellektionen zu mir gesagt, als wüßte er, daß ich eines schönen Tages »in Eisen« gelegt wäre. »Jedesmal, wenn du wendest«, hatte er hinzugefügt, »gibt es einen angsterregenden Moment, wenn du durch den Wind drehst.« Ich hatte seine Warnung ignoriert, teils aus Unwissenheit, teils aus Arroganz, doch jetzt machte mir der größte aller Lehrer, die Erfahrung, den Sinn seiner Worte klar. Das Ändern der Richtung ist im günstigsten Fall ein schwieriger Vorgang, und wir sind zum Scheitern verurteilt, werden Gefangene des Windes, wenn wir es auf eine ineffektive Weise versuchen.

Es gibt beim Wenden nur einen sicheren Weg, und der besteht darin, Schwung zu holen auf dem Kurs, den wir steuern. Als Jugendlicher wandte ich diese Lehre lediglich auf die Beherrschung meiner Slup an, aber im Lauf der Zeit erkannte ich, daß sie eine Wahrheit enthielt, die für das Leben auf dem Land genauso galt wie für jenes auf dem Meer. Es konnte geschehen, daß mir ein Schlag, auf dem ich mich befand, irgendeine Lebensetappe, in der ich mich befand, verhaßt war – und an zwei solcher denkwürdigen Gelegenheiten erinnere ich mich. In meiner Jugend beschwerte ich mich über das College, das ich besuchte; und später empfand ich Verachtung für die Stellung, die ich innehatte. Doch ich mußte beide Male lange genug ausharren, um das zu bekommen (anständige Zensuren im ersten Fall, genügend Ersparnisse im zweiten), was ich brauchte, um mich durch den Wind zu lavieren. Hätte ich in dem einen oder anderen Fall vorzeitig aufgegeben, wäre ich gescheitert, und der Wind hätte die Kontrolle über mein Leben erlangt, mich in Richtungen geweht, in die ich nicht hätte gehen wollen.

Ich kenne einen begabten jungen Mann, der am College als Hauptfach Musik studierte und nach dem Abschluß feststellte, daß er auf diesem Gebiet keine Berufslaufbahn einschlagen wollte. Klugerweise versuchte er nicht, sofort eine Wende zu vollführen. Er arbeitete zwei Jahre als Musiker, spielte in einer Tanzkapelle auf einem Kreuzfahrtschiff Saxophon und sparte Geld, während er sich darüber klarzuwerden versuchte, was er wirklich wollte. Irgendwann entschloß er sich dann, Jura zu studieren, und zu dem Zeitpunkt hatte er genügend verdient, um sein Studium finanzieren zu können. Er war zwar kein Segler, aber er dachte wie einer: Er wußte, daß er um jeden Preis verhindern mußte, in einer Falle gefangen zu werden, indem er versuchte, direkt gegen den Wind zu segeln.

Ich kenne einen anderen jungen Mann, der ständig herumsucht, von einer Stellung in die nächste wechselt. Er sagt, daß er herausfinden will, wohin er paßt und was er mit seinem Leben anfangen möchte. Diesem Ziel stimme ich voll und ganz zu. Doch ich stelle fest, daß er sich keine wirkliche Chance gibt; die Posten, die er annimmt, wählt er nicht aus, sondern er muß sie annehmen, weil die Miete fällig ist, und als Folge davon liegt er die ganze Zeit über »in Eisen«.

Auf dem Spiel steht nichts Geringeres als die persönliche Autonomie – unsere Fähigkeit, in uns die nötige Kraft zu entwickeln, so daß wir den Kurs unseres Lebens selbst wählen können, statt ihn durch andere bestimmen zu lassen, deren Werte sich möglicherweise radikal von den unseren unterscheiden. Wir fassen vielleicht den Entschluß, unseren eigenen Weg zu gehen, also den einzig richtigen Weg, doch wenn wir ohne Wind in unseren Segeln erwischt werden, geraten wir in Gefangenschaft und müssen die Anordnungen jener befolgen, die wir verabscheuen. Das tragische daran ist natürlich: Wahrscheinlich können wir nie jene Menschen, die wir lieben, uns selbst zum Geschenk machen, beziehungsweise nie herausfinden, wer wir wirklich sind.

8
Vor dem Wind segeln

Eines frühen Morgens heißte ich bei leichtem Wind meine Segel und kreuzte auf Fire Island zu. Mit jeder Minute frischte die Südwestbrise immer mehr auf. Ich wußte, daß sie bis zum Mittag der Bucht weiße Schaumkronen aufsetzen würde, doch im sanften Griff dieser ersten auflandigen Windstöße vom Atlantik glitt ich dahin wie ein Seevogel auf der Thermik eines Sommertags.

Als ich den Strandwall erreichte, watete ich an Land, überquerte die schmale, spitz zulaufende Sandbank zum Meer, dort schwamm ich, sonnte ich mich und döste auf der schrägen Wölbung einer Düne. Viel später, die Sonne sank bereits am westlichen Himmel, kehrte ich zu meiner vor Anker liegenden Slup zurück, zog die Segel hoch und nahm Kurs nach Hause, den Wind im Rücken.

Ich saß hoch auf der luvseitigen Bordwand und beobachtete die aufeinanderfolgenden Dünungswellen, wie sie unter dem Rumpf durchliefen, das Boot hoben und senkten, es schaukelten wie eine Wiege. Weil die Slup und ich fast die gleiche Geschwindigkeit hatten wie der Wind, spürte ich seine erfrischende Berührung auf meinem Gesicht kaum. Die warme Sonne brannte mir auf Schultern und Kreuz. Ich ließ mich auf die Bodenbretter des Cockpits fallen und schloß die Augen mit dem Gedanken, wenn es je eine Zeit gäbe, in der ich mich in wonnevolle Trägheit sinken lassen konnte, dann auf diesem langen Heimweg.

Meine Position so tief unten nahm mir die Sicht, rettete mir aber auch das Leben. Unversehens, blitzschnell, schlüpfte der Wind hinter mein ausgefahrenes Großsegel, packte den schweren hölzernen Großbaum und schleuderte ihn mit ungeheurer Wucht quer über das Boot. Er knallte in ein Achternstag aus rostfreiem Stahldraht, riß dessen Verankerung aus dem Deck und brachte damit den Mast leicht zum Kippen. Hätte ich mich in der richtigen Stellung befunden, um den Vorfall zu verhindern, wäre mir zweifellos der Kopf vom Hals geschlagen worden.

Vielleicht hatte sich die Windrichtung leicht geändert. Vielleicht hatte eine Welle die Slup zu weit nach Nordosten geneigt. Vielleicht hatte ich aus Unachtsamkeit das Boot zu weit aus dem Wind gesteuert. Was immer zutreffen mochte, ich hatte genau jenes Manöver vollführt, das ein Segler am meisten fürchtet: unfreiwilliges Halsen.

Wendet der Segler, schwenkt der Bug durch den Wind und gelangt für einen kurzen Moment in einen toten Punkt, also muß der Segler Schwung haben, damit sich der Rumpf weiterbewegt, während die Segel schlaff sind. Halst er jedoch, geht das Heck durch den Wind; dann gibt es keinen toten Punkt, keinerlei Vorwarnung. Der Segler braucht sich nicht um viel verkalkulieren – nur um einen Bruchteil in die falsche Richtung, und schon wird der Wind das Großsegel erfassen und es mit mörderischer Wucht übers Deck fegen.

Es gibt eine richtige Art zu wenden, wenn man vor dem Wind segelt – und der erfahrene Segler beherrscht sie. Zuerst holt er die Schoten so dicht wie möglich, damit das Heck einen kürzeren Weg hat, dann läßt er das Großsegel rasch auf die andere Seite ausfahren, während der Großbaum über das Deck umschlägt. Trotzdem gibt es Zeiten, vor allem bei starkem Wind, wo selbst der erfahrene Segler es vorzieht, einen Kreis zu vollführen – eine 350-Grad-Wende zu machen und mit seinem Bug durch den Wind zu gehen, statt eine 10-Grad-Drehung zu beschreiben und zu halsen.

Die Gefahr erwächst beim Halsen wie bei den meisten Dingen nicht aus gezieltem Handeln, sondern aus Unachtsamkeit, nicht aus vorsichtigem Vorgehen, sondern aus Nachlässigkeit. Ich hatte reichlich Zeit, über diese Dinge nachzudenken, während mein Deck ausgebessert, mein Mast aufgerichtet und mein Stag wieder ordnungsgemäß an seiner Klampe befestigt wurde. Als der Kapitän meine Slup in der Werft sah, rief er mir von seiner *Nimrod* über die schmale Fahrrinne zu:

»Was ist passiert?«

»Ich habe gehalst – als ich gar nicht wollte.«

»Aha«, sagte er, »vor dem Wind segeln – das scheint so einfach. Die Brise füllt die Segel und bläst dich genau vorwärts. Du drehst eine Sekunde lang den Kopf zur Seite, um dir das Kielwasser anzuschauen. Das nächste, was du weißt, ist, daß der Großbaum kommt ...«

»Ich weiß, ich weiß«, entgegnete ich.

In Wahrheit jedoch wußte ich nichts, denn ich mußte in meinem Leben noch sehr oft halsen, bevor ich begriff, daß das Segeln vor dem Wind der gefährlichste aller Kurse ist. Wie so viele andere ließ ich mich leichtfertig von dem falschen Sicherheitsgefühl einlullen, das uns oft erfaßt, wenn wir direkt mit Rückenwind »gesegelt werden«. Als ich endlich begriff, daß ich am wenigsten sicher war, wenn ich in einem Zustand der Halbwachheit dahindämmerte, riß ich mich aus meiner Lethargie und nahm mein Leben selbst in die Hand.

Eine meiner ersten Handlungen war, daß ich die Stellung aufgab, die ich nicht mochte und an der ich vor allem wegen der finanziellen Vorteile festgehalten hatte. Ich trat in die Reihen der Freiberufler ein – um das zu sein, was ich immer hatte sein wollen, auch wenn es bedeutete, daß ich meine Krankenversicherung und meine Rentenbeiträge selbst bezahlen mußte. Kaum hatte ich meine Kündigung eingereicht, rief mich der Direktor des Unternehmens in sein Büro und warf mir vor, ich beginge die Sünde der Selbstüberheblichkeit.

»Sie gefährden die Zukunft Ihrer Familie«, sagte er. »Und wofür? Damit Sie Ihrer persönlichen Marotte nachgehen können? Wie können Sie Ihren Angehörigen das antun?«

Ich hätte ihm gern die Parabel von dem unfreiwilligen Halsen erzählt, ließ es aber bleiben.

Jahre später, als feststand, daß ich keinen falschen Schritt getan hatte, kam auf einer Dinnerparty ein karrierebesessener Manager einer großen Firma auf mich zu, den ich oberflächlich kannte. Er fragte: »Sie sind doch freiberuflicher Schriftsteller, oder?«

»Ja, das stimmt«, antwortete ich.

»Ist das nicht ein Lotteriespiel?«

In gewissem Sinn hatte er recht. Die Art meiner Beschäftigung erlegte mir auf, von meinen geistigen Fähigkeiten und ohne garantierte, regelmäßige Gehaltsschecks zu leben. »Ich denke schon«, erwiderte ich. »Die Wahrheit ist, daß ich in diesem Augenblick nicht weiß, wieviel ich nächsten Monat verdienen werde.«

»Ich glaube nicht, daß ich so leben könnte«, erwiderte er. »Das wäre mir zu unsicher.« Er saugte seine Wangen nach innen und beglückwünschte sich zweifellos insgeheim zur Stabilität seines Jobs im Vergleich zu meinem.

Ein paar Monate später traf ich denselben Mann wieder und erfuhr, daß er seine Stellung verloren hatte. Seine Firma hatte wegen starker Konkurrenz aus dem Ausland die Zahl der Beschäftigten durch Entlassungen radikal reduziert. Er war bestürzt über diese unerwartete Aktion seines Arbeitgebers, und ich erinnere mich noch genau an seine Worte: »Ich habe gute Arbeit geleistet. Ich war ein loyaler Angestellter. Ich hätte mir nie träumen lassen, daß meine Firma mir das antun würde. Ich glaube, ich war naiv.«

Naiv? Vielleicht. Oder er mußte gleich mir erfahren, was Selbstzufriedenheit bedeutete – was es hieß, zuviel Vertrauen in Rückenwind zu setzen.

Von allem Unglück, das einen im Leben treffen kann, ist nichts so endgültig wie ein plötzlicher Tod. Eine Bekannte von mir hatte fünfundzwanzig Jahre lang in der Sicherheit und Enge einer wohlbehüteten Ehe gelebt, in der ihr Mann sich um alle ihre praktischen Angelegenheiten kümmerte. Sie mußte sich nie mit so profanen Dingen wie dem Ausfüllen eines Schecks oder der Reparatur eines Wagens befassen. Sie segelte in der Wärme seiner beständigen Brise friedlich dahin. Als ihr Mann dann Mitte Vierzig war, streckte ihn ein Herzanfall nieder – und alle Stützen, alle Stags, das ganze laufende Tauwerk ihres Lebens wurden hinweggefegt. Zugute halten muß man ihr, daß sie schließlich ihre Ängste überwand und sich die Kenntnisse aneignete, die sie brauchte. Doch es dauerte lange, bis sie sich von diesem unfreiwilligen Halsen erholte.

Was dieser Frau widerfuhr, passiert den meisten von uns zu irgendeinem Zeitpunkt des Lebens. Wir verlassen unseren häuslichen Hafen bei günstigem Rückenwind und lassen uns gedankenlos von ihm vorantreiben. Unser Lebensschiff durchpflügt die See, die Küstenlinie verschwindet. Wir benutzen den Wind nicht, der Wind benutzt vielmehr uns, bläst uns in die von ihm vorgegebene Richtung, ob wir wollen oder nicht.

Meilenweit draußen schlägt die Katastrophe zu, und wir stellen fest, daß wir unser beschädigtes Schiff mit schiefem Mast und zerrissenem Segel in den Hafen zurückbringen müssen. Doch jetzt weht der Wind nicht mehr von hinten; er bläst uns ins Gesicht, und die Umstände, die wir durch unsere Gedankenlosigkeit herbeigeführt haben, zwingen uns, gegen ihn anzukämpfen, um wieder dorthin zu kommen, wo wir starteten.

Ich lernte diese Lektion, die so klar scheint und doch selten befolgt wird, sehr früh in meinem Seglerleben. Sofern wir die Wahl haben, ist es bei weitem besser, in den Wind zu segeln, wenn wir den Hafen verlassen, und dann, am Ende unseres Törns, mit Rückenwind nach Hause zu gleiten.

Kurz nach meiner ersten Panne halste ich wieder unfreiwillig – und dann erneut. Allem Anschein nach hatte ich ein Talent dafür. Ich ging mit meinem Problem zum Kapitän, und er kam auf mein Boot, eine lange, kräftige Stange in der Hand, die er unter dem Deck verstaute. Er segelte mit mir vor dem Wind, und ich fand dank seiner Anleitung heraus, warum ich die Kontrolle über meine Slup verlor, warum ich den Wind hinters Segel schlüpfen ließ. Die meisten Segelboote haben ein sogenanntes Luvruder – die natürliche Neigung, sich in den Wind zu drehen. Immer wenn die Slup sich aus eigenem Willen in den Wind drehte, glich ich aus, indem ich gegensteuerte. Ab und zu jedoch glich ich zu stark aus und verursachte ein unfreiwilliges Halsen.

Als ich endlich die hohe Kunst des Segelns vor dem Wind beherrschte, sagte der Kapitän: »Was du brauchst, ist ein Spinnakerbaum.«

»Ein Spinnakerbaum?«

Von einem solchen Ding hatte ich noch nie gehört. Doch der Kapitän war gerüstet. Er zog die Stange unter dem Deck hervor, ging damit zum Bug und befestigte das eine Ende am Mast, das andere an der Fock. Dann kehrte er ans Ruder zurück und segelte so, daß mein Großsegel auf der einen Seite des Bootes weit ausgefahren war und meine von dem Ausleger gehaltene Fock auf der anderen Seite.

Wir segelten »Schmetterling« – was für ein treffender Ausdruck! Die beiden Segel, Großsegel und Fock, sind ausgebreitet wie die Flügel eines Schmetterlings, so daß sie den von achtern kommenden Wind am besten einfangen können. Als ich das Ruder übernahm, spürte ich den Vorwärtsdrang, es war, als zögen die aufgeblähten Segel die Slup aus dem Meer in die Luft.

Über meinem Schreibtisch hängt die Reproduktion eines Gemäldes von GEORGIA O'KEEFFE mit dem Titel

Braunes Segel, Schmetterling, Nassau. Ich vermute, daß O'Keeffe, als sie die Vision hatte, aus der dieses Ölgemälde entstand, dort saß, wo der Rudergast sitzt und wo ich so oft gesessen bin. Obwohl das Bild eine Szene auf den Bahamas zeigt, habe ich bei jedem Blick darauf das Gefühl, an Bord der abgebildeten Slup zu sein und auf der Great South Bay zu segeln.

Ich sehe die Welt, wie O'Keeffe sie sah: Großsegel nach Steuerbord ausgefahren, Fock nach Backbord. Über den Segeln ziehen dicke Wolken an einem Sommerhimmel dahin; unter dem Spinnakerbaum hebt sich vom blaßblauen Meer ein Leuchtturm ab, der auf einer Landspitze steht. Das Ganze wirkt überaus friedlich, überaus ruhig, aber ich weiß, daß der Schein trügt, daß der unsichtbare Rudergast mit seinem ganzen Wesen in einen schwierigen Balanceakt verwickelt ist. Steuert er zu weit auf eine Seite, wird die Fock den Wind verlieren; steuert er zu weit auf die andere, wird das Großsegel übers Deck schlagen.

Es sind jedoch weder die dicken Wolken noch das blaßblaue Meer, die mich in dieses Gemälde hineinziehen, sondern die Farbe der Segel ist es. Ich habe weiße Segel gesehen, rote Segel, blaue Segel – Segel in fast jedem Ton außer jenem, den die Malerin wählte. Ich muß glauben, daß O'Keeffe mit ihrem Künstlerinstinkt das Bedrohliche dieses Rückenwindkurses voll erfaßte und deshalb die weit ausgebreiteten Segel, die an eine fliegende Weihe denken lassen, in dunklem, ominösem Braun malte.

Dieses Gemälde, wie es da über meinem Schreibtisch hängt, erinnert mich ständig daran, daß ich in einer gefährlichen Zeit lebe. Sogar in jenen Augenblicken, in denen ich relativ am sichersten bin, wenn ich im Bett liege und liebevolle Arme mich umfangen, sogar dann weiß ich, daß dem so ist. Ich versuche mir einzureden, daß ich sicherer bin als meine Vorfahren in der Steinzeit, weil meine Welt mit dem Furnier der Zivilisation verstärkt ist. Tatsächlich aber bin ich in meinem Schindelhaus nicht besser geschützt als jene dereinst in ihrer Höhle.

Die Stimme eines Altvordern erhebt sich in mir und stößt einen Warnruf aus. Der Puma lauert noch immer auf dem Gesims über meinem Kopf; die Barbarenhorde bedroht noch immer meine Stadt. Ich setze Vertrauen in die elektronischen Geräte meiner Zeit; bestimmt werden sie mich gegen die Pestilenz verteidigen, die unversehens ausbricht und sich wie Wanderheuschrecken über das Land verbreitet. Aber ich weiß auch jetzt, daß ich mir erlaube, mich täuschen zu lassen. Die einzige Sicherheit, die ich erfahre, je erfahren werde, liegt in mir selbst. Und darum sitze ich hoch oben auf der luvseitigen Bordwand und befehle mir, auf das Segel zu achten, auf den Wind zu achten und mich vor dem Halsen zu hüten.

9
Flaute

Tag um Tag, Tag um Tag
Saßen wir fest, kein Hauch trieb uns an;
Reglos wie ein gemaltes Schiff
Auf einem gemalten Ozean.

SAMUEL TAYLOR COLERIDGE
Die Ballade vom alten Seefahrer

Während der ersten Tage, an denen meine blaue Slup und ich uns kennenlernten, erlebte ich den Wind als allgegenwärtigen Freund und begann mich auf ihn zu verlassen. Ich kreuzte gegen ihn an, fuhr vor ihm her oder segelte in einem weiten Bereich auf Halbwindkurs, von der festen Überzeugung erfüllt, er werde immer da sein, werde mich nie im Stich lassen.

Es ist wohl eine allzu menschliche Schwäche zu glauben, daß ewig ein günstiger Wind weht, der auch nie einschläft. Ich verfiel jedoch diesem Irrtum, denn während mir die Brise ins Gesicht oder auf den Rücken blies, konnte ich mir unmöglich vorstellen, wie es wäre, in völliger Windstille gefangen zu sein. Ich wußte, daß der Wind manchmal einschlief, davon hatte ich gehört. Aber dies gehörte für mich zu den unangenehmen Dingen des Lebens, wie Krankheit und Tod, die anderen widerfahren, nicht einem selbst.

An einem Frühherbsttag dann mußte ich mir eingestehen, daß ich nicht gefeit war gegen die Launen der

See. Ich kreuzte in einer frischen Südwestbrise aus dem Kanal und durchpflügte einen ganzen berauschenden Nachmittag lang die weißen Schaumkronen, den Rand des Leedecks fast im Wasser. Ich holte meine Segel dicht, soweit ich es wagte; das Boot krängte, und einen Augenblick lang glaubte ich, zu kentern. Ich drehte in den Wind, vermied so die Katastrophe – und dann wiederholte ich das Manöver, nicht einmal, sondern viele Male. Ich wußte, daß ich mit meiner riskanten Segelweise das Schicksal herausforderte, aber die Gefahr reizte mich, und ich war zu hochgestimmt, um aufzuhören.

Erst spät am Tag machte ich mich auf den Heimweg; die Herbstsonne tauchte unter den Horizont, und das Land strahlte rasch seine Wärme ab. Ich war noch etwa eine Meile von der Küste entfernt, als Erde und Meer wie in einer Art Verschwörung einen Gleichgewichtszustand erreichten: Auf beiden herrschte die gleiche Temperatur. Bis dahin hatte ich nicht gewußt, daß der Wind völlig einschlafen kann; gewöhnlich wehte immer noch ein leichter Hauch, der das Boot voranschob, doch in dem Moment verschwand die Thermik, auf die ich gebaut hatte. Meine Segel erschlafften, die Bucht wurde glatt, und dann »saßen wir fest, kein Hauch trieb uns an«.

Noch kurz vorher hatten meine blaue Slup und ich uns im Wind gewiegt, wir waren durch die Wellen gerauscht, und der über den Bug sprühende salzige Gischt hatte mein Haar durchnäßt. Ein Ziel hatte ich nicht gehabt; ich war einfach hin und her gesegelt, auf halber Strecke zwischen dem Strandwall und dem Festland, hatte die frische Brise vom Ozean her als selbstverständlich genommen. Und jetzt hatte sich der vagabundierende Wind davongestohlen, ohne irgendwie anzudeuten, wohin.

Ich befand mich in keiner unmittelbaren Gefahr. Mein Boot driftete friedlich, auf ebenem Kiel, und ich sah in der zunehmenden Dunkelheit die blinkenden Lichter vom Festland ganz klar. Trotzdem überlief mich ein Angstschauer, ein Frösteln, wie es oft aus dem Innern aufsteigt, wenn wir unsere Bewegungskraft einbüßen. Ich war süchtig nach Bewegung geworden, als gebe schon das bloße Vorwärtsgleiten der Slup meinem Leben Sinn, und jetzt sah ich mich gezwungen, allein mit der furchterregenden Stille des Meeres fertig zu werden.

»Ich muß etwas tun; ich muß etwas tun!« sagte ich ständig zu mir.

In meiner Verzweiflung ergriff ich die Pinne und versuchte das Boot voranzubringen, indem ich sie heftig hin- und herstieß. Das verursachte ziemliche Erschütterungen, brachte aber herzlich wenig Fahrt ein. Ich schob das Segel nach Steuerbord, dann nach Backbord, in der Hoffnung, es werde sich wie durch Zauber blähen, doch auf der Wasserfläche zeigte sich nicht die geringste Kräuselung, und in der Luft regte sich nichts. In diesem Moment hätte ich die Windstille rund um mich gern gegen einen Sturm eingetauscht. »Wehe! Bitte wehe!« flehte ich. Aber ich war machtlos, absolut machtlos, es gab nichts, was ich tun konnte.

Nach einer Weile streckte ich mich rücklings auf dem Deck aus, verschränkte die Hände unterm Kopf und schaute über die Segel hinaus, über den Mastbaum hinaus in den an Tiefe gewinnenden Himmel. Ich beobachtete, wie der Rand der Erdkugel hochstieg und das letzte Sonnenlicht verschluckte, wie der Mond seine Sichel neben den Abendstern hängte. Ich beobachtete das Signalfeuer des Leuchtturms von Fire Island, das sechsmal in der Minute über die dunkel werdende Bucht schwenkte. Ich sah, wie die Himmelskuppel ihre Farbe von dunklem Purpur in Schwarz veränderte, und war verblüfft, als ein Nachtreiher aus dem Nichts auftauchte und auf meiner Mastspitze landete.

Nachtreiher hatte ich schon früher gesehen, wie sie reglos im Seichtwasser standen, auf Beute warteten, auf den richtigen Moment zum Zuschlagen, und ich hatte sie auf den Weiden entlang der Küste schlafen sehen; doch noch nie war einer auf meinem Mast gelandet. Weil ich auf dem Deck lag, sah ich sein schwarzes Krönchen nicht, aber ich erkannte an seiner Haltung, wer er war. Aufmerksam und ruhig blickte er aufs Meer, irgendwie unter die glatte Wasserfläche, als suche er nach einer Veränderung der Tide, einem Windwechsel, einem günstigen Zeichen.

Ich setzte mich auf, starrte diesen seltsamen, würdevollen Vogel an und wünschte, ich hätte ihn fragen können, wonach er ausschaue und wie er es schaffe, so lange so ruhig und gefaßt dazusitzen. Er besaß das Geheimnis des Stilleseins, eine Eigenschaft, die mir fremd war. Ich überlegte, ob sie ihm angeboren sei, ob sie in den Sehnen seiner schlanken Beine und den glatten Federn seiner Flügel beschlossen sei – oder ob er sie sich angeeignet hatte, als unerläßliche Voraussetzung für das Überleben in einer Welt, die er nicht beherrschen konnte.

War er imstande, unter der Oberfläche des ruhigen Meeres die Zukunft zu lesen? Das bezweifelte ich. Nach meiner Ansicht wartete er genau wie ich darauf, daß die Zukunft sich in der Gegenwart, der flüchtigen

Gegenwart offenbarte, und dann würde er in seiner angebotenen Weisheit davonfliegen zu irgendeinem fernen Ufer, um in den Untiefen zu fischen.

In mir stieg widerwillige Bewunderung für diesen Vogel auf, für seine stummen Wahrnehmungskräfte, seine unheimliche Geduld und seine Fähigkeit zum Alleinsein. Es schien, als wisse er, daß er durch diese gräßliche Flaute hindurch mußte, bevor er seinen Sitz verlassen konnte. Während ich ihn beobachtete, verschwand meine Angst, und an ihre Stelle trat ein Gewahrwerden meiner Umgebung und meiner selbst, das viel schärfer war als zuvor bei meinem gedankenlosen Durchpflügen der Wellen.

Ich erkannte, daß ich keineswegs etwas tun mußte; ich mußte vielmehr nichts tun – das war der unveränderbare Zustand, den mir der Gott der Winde aufgezwungen hatte. Ich mußte genauso gelassen bleiben wie der Reiher und darauf warten, daß die Brise wieder aufkam. Das würde sie tun, ich wußte es. Allerdings wußte ich genausowenig wie der Vogel, wann oder aus welchem Quadranten des Kompasses sie wieder wehen würde.

Ich blickte übers Wasser, hielt Ausschau nach verräterischen Kräuselungen der Wasserfläche; wenn ich auch das Kommen des Windes nicht voraussehen konnte, so konnte ich doch versuchen, mir auszurechnen, was er im Schilde führte. Ich hatte schon einige Male erlebt, daß der Südwest sich um einen oder zwei Kompaßgrade nach Westen verlagerte, wenn er an Geschwindigkeit zunahm – oder leicht nach Süden, wenn er schwächer wurde. Jetzt jedoch hatte er nicht die Richtung geändert, sondern war schlicht verschwunden, als habe ihn ein Loch im Himmel aufgesogen.

Ein Junge in einem Beiboot mit Außenbordmotor surrte vorüber. Als er sah, daß ich reglos trieb, stellte er seinen Motor ab und rief: »Soll ich dich in Schlepp nehmen?«

Ich hatte keinen Hilfsmotor an Bord, aber die Vorstellung, hinter einem Außenborder, der die Luft verpestete, in den Hafen geschleppt zu werden, war beleidigend. Hätte er allerdings das Angebot eine halbe Stunde früher gemacht, hätte ich es vielleicht angenommen – jetzt aber störte es mich. Ich war heute früh in einer steifen Brise aus dem Hafen gesegelt. Auf dem Heimweg war diese Brise eingeschlafen. Und jetzt wartete ich darauf, das Geheimnis ihres Wiedererwachens zu erleben, damit ich den natürlichen Kreislauf meines Tages vollenden konnte.

Ich antwortete ohne Zögern: »Nein, danke. Ich warte auf den Wind.«

Eine Stunde später spürte ich einen Hauch aus Norden. Die Segel bewegten sich ganz leicht; ich holte schnell die Schoten an, und schon schob eine kleine Mütze voll Wind das Boot vorwärts. Ich schaute zur Spitze meines Masts hinauf – der Nachtreiher war verschwunden.

Der Wind hatte eine völlige Kehrtwendung gemacht, sich um 180 Grad gedreht. Ich kam mir blöd vor, weil ich nicht vorher gewußt hatte, was jetzt klar auf der Hand lag. Der Wind konnte sich um einen oder zwei kaum wahrnehmbare Kompaßgrade drehen, ohne aufzuhören, aber er konnte keine radikale Richtungsänderung vollführen – sich nicht von Südwesten nach Nordwesten drehen –, ohne vorher eine Flauteperiode zu durchlaufen.

Ich peilte ein Licht bei der Hafeneinfahrt an und

glitt bald den Kanal entlang, meinem Liegeplatz zu. Als ich anlegte, sah ich meinen Onkel und Vormund nervös neben seinem Wagen stehen; die Scheinwerfer hatte er auf den Liegepfosten gerichtet, wie um mir den Weg zu weisen.

»Hast du dir Sorgen gemacht?« fragte ich.

»Eine Zeitlang schon. Aber dann rief ich den Kapitän an. Er sagte mir, du hättest wahrscheinlich den Wind verloren und seiest in eine Flaute geraten, aber ich solle mir keine Sorgen machen, früher oder später würdest du ihn wiederfinden.«

Ich dachte nicht mehr an den Nachtreiher oder ich verstaute ihn, genauer gesagt, in einem abgelegenen Winkel meines Gehirns, denn ich glaube nicht, daß wir die eindringlichen Bilder, die unser Leben umgestalten, je ganz aufgeben. Sie schlummern in uns, im Dunkel zusammengekauert, und warten auf den richtigen Augenblick, um wieder hervorzukommen – vorausgesetzt, wir versenken sie nicht so weit in den Tiefen unseres Selbst, daß sie ersticken und absterben.

Zwei Jahrzehnte später tauchte er wieder auf, als ich in einen gewaltigen Ringkampf mit mir selbst verwickelt war. Ich ging meinem Beruf nach, vorangetrieben von der flüchtigen Vision kommerziellen Erfolgs, ohne zu wissen, was ich wollte oder wohin ich strebte, und zu sehr in der tumulthaften Suche befangen, um innezuhalten und mir über mich selbst Klarheit zu verschaffen. Eines Tages dann, während ich mich auf meinem Weg zur Arbeit im Zentrum Manhattans durch den Verkehr schlängelte, sackte ich ohne irgendein vorheriges Warnzeichen mit einem Krampf in der Leiste zusammen wie ein verwundetes Tier.

Die Schmerzen blieben; die Krämpfe traten in der

Folgezeit immer häufiger auf. Als ich den Punkt erreichte, wo ich zum Gehen Krücken brauchte, erklärte mein Chirurg, es bliebe ihm nichts anderes übrig, als die Knochen in meiner Hüfte zu verbinden. Er verstand die osteoarthritischen Symptome, aber nur ich kannte die ihnen zugrundeliegende Ursache. Ich hatte meine Beine gezwungen, meinen Körper in eine Richtung zu tragen, in die ich nicht gehen wollte; jetzt war die schwere Bürde zuviel geworden, und mein rechtes Hüftgelenk hatte rebelliert.

Aus der Narkose wachte ich mit einem Beckengips auf, der von meiner Brust bis zu meinen Zehen reichte. In einer Hinsicht hatte ich Glück: Mich betreute eine schweizerische Schwester, die jeden Morgen den Kopf in mein Krankenzimmer steckte und sagte: »Na, da sind Sie ja, heil und gesund in Ihrem Kokon. Was glauben Sie, wer Sie sein werden, wenn Sie rauskommen?«

Ich lag sechs Monate in diesem Kokon, stieß meine Haut ab und wartete darauf, daß meine Knochen heilten. In den ersten paar Wochen wünschte ich mir nichts sehnlicher, als aufrecht zu stehen, die sich bewegende Luft auf meinem Körper zu spüren. Doch ich war an einem Ort gefangen, wo nie die Sonne schien und nie Wind wehte. Die Ärzte paradierten täglich in mein Zimmer und wieder hinaus, klopften auf meinen Gips, als könnten sie an dem hohlen Klang erkennen, was in dem unbeweglichen Mann drinnen vorging.

Die Nächte waren am schlimmsten. Während einer meiner Phasen der Schlaflosigkeit dann – ich genoß ja nicht einmal den Luxus, mich umdrehen oder gar herumwerfen zu können – kam der Nachtreiher wieder.

Ich würde gern etwas Mystisches behaupten, daß er in vollem Federkleid am Fußende meines Bettes saß und mit mir sprach. Aber das wäre nicht wahr. Tatsächlich würde es von der Wahrheit ablenken, denn ich glaube, daß die Bilder, die sich tief in unser Gedächtnis einprägen, wirklicher sind als jene, die wir in dunklen Wäldern oder am dunstigen Himmel sehen oder zu sehen glauben.

Nein, der Vogel saß nicht auf meinem Bett; er hockte genau wie bei unserer ersten Begegnung auf meiner Mastspitze, reglos das glatte Wasser beobachtend, in der Flaute darauf wartend, daß sich ein neuer Wind erhebe. Ich dachte daran, wie ich mit ihm gewartet hatte und wie meine Geduld durch eine sanfte, leichte Brise belohnt worden war, die meine Segel füllte und mich nach Hause brachte.

Während meiner erzwungenen Regungslosigkeit dachte ich Tag für Tag gründlich darüber nach, wer ich war, woher ich kam und was ich sein wollte. Was ich an körperlicher Bewegung eingebüßt hatte, gewann ich an Selbsterkenntnis, die eine Bewegung anderer Art ist. Ich fand heraus, daß das Innenleben genauso lohnend ist wie das äußere Leben und daß mir die kostbarsten Augenblicke beschert wurden, wenn ich absolut ruhig war.

Meine Knochen wuchsen zusammen; mein Körper heilte. Als der Tag meiner Befreiung aus dem Gips nahte, wußte ich, daß ich gesund war, denn mich erfüllte ein fester Vorsatz. Ich war einem materiellen Ziel nachgejagt, um seiner selbst willen oder vielleicht, weil ich irrtümlicherweise meinte, daß meine Familie, meine Freunde, meine Kollegen – und ein ganzes Universum gesichtsloser, urteilender Menschen – eben dies von mir erwarteten. Als Folge davon hatte ich das Gefühl für mich selbst verloren, für das, wozu ich auf die Welt gekommen bin.

Seit ich alt genug war zum Lesen, möglicherweise sogar schon früher, vernahm ich in meinem Kopf die Musik der Sprache. Mich faszinierten der Klang von Worten, ihre Kadenz und die von ihnen erzeugten Bilder in den Büchern, die ich las. Deshalb konnte es nicht ausbleiben, daß ich, sobald ich die nötigen Kenntnisse besaß, Sätze zusammenbastelte, um andere wissen zu lassen, was ich dachte und fühlte. Das war mein Talent, es war weder besser noch schlechter als die Talente, die andere besaßen, sondern einfach einwandfrei das meine.

Es ist für einen Menschen ein seltsames, trauriges Eingeständnis, daß er ins Erwachsenenleben mit dem Wunsch eintrat, Dichter zu werden, und statt dessen in der Öffentlichkeitsarbeit landete. Ich muß mich jedoch hüten vor unbedachten Schuldzuweisungen, was dieses weite Abweichen vom Kurs angeht. Nicht andere haben mir das angetan; ich selbst habe es mir angetan. Statt meinen Traum zu verwirklichen, verfaßte ich als Ghostwriter Artikel und Reden für Geschäftsleute, die weder Zeit noch Lust hatten, selbst zu schreiben. Ich bewegte mich ganz in der Nähe unternehmerischer Machtzentren, ein verlockender, dem Ego schmeichelnder Aufenthaltsort, und ich wurde sehr gut entlohnt für das, was ich tat.

Doch dahinter verbarg sich blanke Eitelkeit – und dafür bezahlte ich einen schrecklichen Preis. Jeden Morgen wachte ich erschöpft auf, von Abscheu erfaßt bei dem Gedanken, zur Arbeit gehen zu müssen; widerwillig trieb ich mich an, schlüpfte in einen Nadelstreifenanzug, den ich nicht mochte, stieg in einen Pendlerzug und fuhr in eine Stadt, die ich haßte, um eine Tätigkeit auszuüben, die andere groß machte und mich erniedrigte. Ich war in einem Wind gefangen, der mich übel zurichtete, und hatte Todesangst, daß er einschlafen könnte.

Ich setzte mich weiter unter Zwang, bis eines Tages meine Hüfte einknickte, mein Körper zusammensackte und ich ruhiggestellt wurde. Verzweiflung erfaßte mich, zumal ich da noch nicht wußte, daß ich diese Bewegungslosigkeit selbst über mich gebracht hatte, weil das, wonach ich mich weit mehr sehnte als nach Sicherheit und Erfolg, eine absolute Windstille war, die neuen Wind von einer anderen Küste beschert. Während ich vollkommen stillag und mit dem Schreckgespenst des Todes bei lebendigem Leib rang, einem schlimmeren Tod, als es der Tod selbst ist, eben jenem Tod, den ich gelebt hatte, reiften in mir der Wunsch und der Wille, über bloßes mutiges Handeln hinauszugehen und das zu tun, was ich tun mußte, um jener Mensch zu werden, der ich von meiner Bestimmung her sein sollte.

Es war Hochsommer, als meine Ärzte mich aus meinem Gips hoben; bis zum Herbst erlangte ich meine Kraft und Beweglichkeit wieder. Ich lebte damals im Landesinnern, zu weit vom Meer entfernt, um meine Genesung mit einem Segeltörn zu feiern. Aber ich tat das nächstbeste: Ich grub im Garten hinterm Haus ein Loch und pflanzte einen jungen Baum, eine kräftige Roteiche. Als der Frühling kam, blühte sie hübsch, und der Wind wehte durch ihr Laub.

10

Unbegründete Ängste

Nur zu genau erinnere ich mich an die erste Begegnung mit der *Miss Ocean Beach,* die durch die Bucht pflügte und deren Kielwelle höher war als die höchsten Wellen an einem stürmischen Tag. Ich saß unter dem Baum, die Pinne über der Schulter, in Gedanken versunken, als sie jäh auf Kollisionskurs vor mir war und mir mit ihrem gräßlichen Horn signalisierte, aus dem Weg zu gehen. Allein der Ton warf mich fast über Bord.

Ich rappelte mich auf, stand kaum, als die schnelle Fähre steuerbords vorbeirauschte, in einem Abstand von kaum dreißig Metern. Ihr Bug lag hoch, ihr Heck tauchte tief ein, und sie schnitt bei ihrer Fahrt einen breiten Streifen in den Kanal, der zwischen Fire Island und Bay Shore verlief. In den Jahren des Alkoholverbots war sie ein Schmugglerschiff gewesen, und sie pflügte auch heute noch durch die ausgebaggerte Wasserstraße, als sei sie mit »heißer Ware« beladen und werde von einem Kutter der Küstenwache verfolgt. Inzwischen hatte sie jedoch statt gepanschtem Alkohol Passagiere an Bord, die sich jetzt in meine Richtung drehten und über die Reling schauten, den Beinahezusammenstoß lustig fanden (stellte ich mir vor) und nun sehen wollten, ob ich die riesige Kielwelle überlebte, die auf mich zurollte.

Hätte ich nichts getan, wäre ich von den berghohen

Massen in der denkbar ungünstigsten Weise getroffen worden: nämlich breitseitig. Zum Glück war ich geistesgegenwärtig genug, meinen Bug so zu drehen, daß ich sie frontal nahm. Die Segel zitterten, und die Takelage ratterte, als meine Slup diese Berg- und Talfahrt vollführte, auf der ersten Welle hinabschoß, durch die zweite tauchte und auf die dritte stieg. Das Boot ging unbeschädigt daraus hervor, aber ich war bis ins innerste Mark erschüttert, und noch Tage danach klang mir das unheimliche Horn der Fähre in den Ohren.

Ich legte einen feierlichen Schwur ab: Nie mehr würde ich ein anderes Schiff meinem Boot so nahe kommen lassen. Ich hielt von nun an scharf Ausschau, und sobald ich ein Schiff ausmachte, wendete ich, halste oder tat, was ich tun mußte, um sicherzustellen, daß wir nicht kollidieren würden. Das andere Wasserfahrzeug war vielleicht bloß eine Stecknadelspitze am Horizont, egal. Ich begann zu manövrieren, in der Überzeugung, wenn ich nicht sofort Vorsichtsmaßnahmen ergriffe, würden wir zur gleichen Zeit am gleichen Ort anlangen.

Eines Tages dann passierte das Unvermeidliche, etwas, das ich hätte voraussehen müssen, aber nicht voraussah, weil mein Urteil durch meine Angst beeinträchtigt war. Ich segelte gegen den Wind, schaute unterm Baum durch und gewahrte einen Fischtrawler, der eine Schiffsbrücke hatte und mit Vollgas herankam; wie es aussah, zielte er genau auf mich. Obwohl er noch etwa eine halbe Meile entfernt war, drehte ich ab, um zu gewährleisten, daß ich ungefährdet hinter seinem Heck vorbeikreuzen konnte. Doch im gleichen Augenblick änderte auch der Trawler die Richtung, und es sah wieder so aus, als seien wir auf

Kollisionskurs. Ich wendete, ihn weiter im Auge behaltend. In dem Moment rammte ich ein großes Holzstück, das direkt vor meinem Bug schwamm.

Die blaue Slup erzitterte bei dem Zusammenstoß, und ich erkannte an dem lauten Knirschen, daß ihr Rumpf eingeschlagen war. Ich kniete auf die Bodenbretter und schaute unters Deck. In der Dunkelheit sah ich nicht klar, aber ich hörte deutlich das Wasser durch das klaffende Loch in den Kielraum plätschern. Mein Boot begann zu sinken! Ich holte schnell die Fock nieder, stieg aufs Vorderdeck und winkte wild mit den Armen. Der Trawler, eben jener, dem ich hatte ausweichen wollen, war nur noch einige hundert Meter entfernt. Der Eigner, der meine Verzweiflung bemerkte, stellte den Motor ab und rief dann herüber:

»Alles in Ordnung bei dir?«

»Ich mache Wasser!«

Er manövrierte seinen Trawler so nahe an mein Boot heran, wie er konnte, und warf mir eine Leine zu, die ich um das untere Mastende knotete. Wenige Sekunden später stand ich auf dem Heck des Fischtrawlers, der in Richtung Küste fuhr, meine Slup im Schlepp. Sie hatte gefährliche Schlagseite, schaffte es aber irgendwie, sich über Wasser zu halten. Als wir bei der Werft anlangten, hievten die Arbeiter sie sofort heraus, schlugen das Holzstück aus ihrem Boden und leerten das Wasser aus.

Der Kapitän, der meine blaue Slup auf Stapel liegen sah, ruderte über den schmalen Creek zwischen seinem Haus und der Werft. Er strich mit der Hand über den zersplitterten Rumpf, rieb sich das Kinn und schaute dann mich an.

»Was ist passiert?«

Ich bekannte die Wahrheit: daß ich angelegentlich damit beschäftigt gewesen war, den Fischtrawler in weiter Ferne zu beobachten, und dabei den schwimmenden Holzklotz direkt vor meinem Bug übersehen hatte.

Eigentlich erwartete ich von ihm an Ort und Stelle einen Vortrag über Treibgut und Seewurfgut, Sandbänke und Flache, Kanister und Tonnen – alle die im Wasser lauernden Gefahren, die plötzlich auftauchen und ein Schiff leckschlagen oder zertrümmern konnten. Doch statt dessen sagte er: »Na, mach dir keine Sorgen. Archie dort – er ist der beste Mechaniker, den du je gesehen hast, und er wird eine neue Planke so einpassen, daß man nie auf die Idee käme, es sei überhaupt etwas passiert.«

Archie war der Schiffszimmermann der Werft, doch der Kapitän bezeichnete ihn immer als »den besten Mechaniker, den du je gesehen hast«. Sein Glaube an den Mann war berechtigt. Eine Woche später lag mein Boot wieder im Wasser, mit einer neuen Planke im Bug und einer Schicht frischer (von mir selbst aufgetragener) blauer Farbe auf ihrem Rumpf. Die Slup war also bereit zum Auslaufen – nicht aber der Segler.

Ich stand am Ufer, blickte auf meine Slup und dachte an alle die schrecklichen Dinge, die mir passieren konnten. Eine Zeitlang wußte ich nicht recht, ob ich den Hafen überhaupt verlassen wollte. Tatsache ist, daß man einen grundlegenden Glauben an sich selbst braucht, wenn man segelt oder das Segeln auch nur in Erwägung zieht. In diesem Moment dachte ich jedoch nur an die Hindernisse zwischen mir und meinem Ziel, einem Streifen Sandstrand auf der anderen Seite der Bucht. Zuerst mußte ich aus dem Werftbecken hinauskreuzen, ohne in den Damm zu krachen, dann acht Meilen offenes Meer überwinden, gegen unwirsche Winde und schlagende Wellen ankämpfen.

Schließlich brachte ich genügend Mut auf, um an Bord meines Bootes zu gehen. Ich heißte meine Segel, fing einen Windstoß ein und begann meinen Zickzackkurs den Salzwasser-Creek hinab. Dabei nutzte ich die unstete Brise, die zwischen den Häusern und Schuppen entlang der Küste hindurch aus den verschiedensten Richtungen wehte. Als ich die Mündung des Creeks erreichte, holte ich meine Segel dicht; das Boot krängte, und plötzlich war ich vom Land weg. Ich segelte hart am Wind, direkt auf den Wasserturm zu, der über dem Küstenort Saltaire in der Sonne glitzerte.

Nach zwei Dritteln der Strecke gewahrte ich einen schweren Tanker, der durch den Kanal rauschte und auf den Ölhafen im zwanzig Meilen entfernten Patchogue zuhielt. Er lag tief im Wasser, strebte unbeirrbar seinem Bestimmungsort zu und gab durch seine entschlossene Fahrt zu verstehen, daß er sich durch kein ihm begegnendes Fahrzeug, sei es klein oder groß, von seinem Weg abbringen lassen würde. Von der Angst erfaßt, ich könnte mit ihm zusammenstoßen, beschloß ich, in den Wind zu drehen, um anzuhalten und zu warten, bis er vorüber war. Doch als ich den Wind aus meinen Segeln nehmen wollte, kam ich zur Besinnung.

Warum so etwas tun? dachte ich. Er ist noch sehr weit weg.

Ich setzte meine Fahrt fort, und als ich mich dem Tanker näherte, zeigte sich ganz klar, daß wir nicht kollidieren würden. Er würde vor meinem Bug vorbeifahren und genügend Meer zwischen uns lassen. Ich würde mit seiner Kielwelle zu tun bekommen, aber wenn ich meinen gegenwärtigen Kurs hielt, den Wind voll in den Segeln, würde der Schub meiner Slup mich sicher durchbringen.

Genauso geschah es; der Tanker und ich verpaßten einander weit, und während wir unserer getrennten Wege gingen, wurde mir klar, daß ich eine ungeheure Menge Energie damit vergeudet hatte, mir Sorgen über etwas Zukünftiges zu machen, das gar nicht kam. Ich mußte wachsam sein, das Vorhandensein eines Schiffs geistig notieren, mir einprägen, daß es irgendwo dort draußen war, als potentielle Gefahr. Aber ich mußte mich auch davor hüten, zu früh zu reagieren, denn die Vision von einem Unglück, die so lebendig vor meinem inneren Auge stand, konnte sich schlicht als unbegründete Angst und nichts sonst erweisen. Als ich die Kielwelle des Tankers querte, begannen meine Befürchtungen zu weichen. Damals wußte ich es zwar noch nicht, aber ich machte meine ersten zögernden Schritte hin zur Meisterung, nicht so sehr meines Bootes oder meiner selbst, sondern der Wirklichkeit. Ich lernte, daß ich, bevor ich einem scheinbar bedrohlichen Objekt auswich, erst nahe genug hinsegeln und ermitteln mußte, was es war, wohin es fuhr und ob es mir Schaden zufügen würde. Dann, erst dann konnte ich entscheiden, ob ich abdrehen, beschleunigen oder weitersegeln sollte.

Ich erlangte damals auch eine persönliche Sicht der Welt, in der ich lebte. Meine Tante und Pflegemutter predigte gern, daß »alles zum besten geschieht« – woran sie felsenfest glaubte, als lenke eine verborgene Hand das menschliche Schicksal. Ich fand jedoch beim

Segeln heraus, daß das Universum gleichgültig gegenüber meiner Not war und daß ich vor dem Verlassen des sicheren Hafens nicht sagen konnte, auf welche Hindernisse ich in der Bucht stoßen würde. Ich konnte nicht voraussehen, ob eine Fähre aus dem Nichts auftauchen und mich mit ihrem Signalhorn antuten würde oder ob mein Boot einen ziellos im Meer treibenden Holzklotz rammen würde. Sogar die angeblich beständigen Elemente der Natur – Wind, Wellen und Tiden – schienen den verzweifelten Vorhersageversuchen der Menschen zu spotten und eigene Turbulenzen zu entwickeln.

Die ferne Küstenlinie mit ihren Einbuchtungen und Spitzen wirkte so unregelmäßig und vielgestaltig wie die Spitzen eines Ahornblattes. Die ziellos über den Sommerhimmel segelnden Silbermöwen senkten sich wie Schneeflocken auf den Strand. Die dwars vor meinem Bug schwimmenden Seetaucher machten ihren Rücken krumm und tauchten unversehens, kamen an einer ganz anderen Stelle mit einem Schwups wieder an die Oberfläche und tauchten plötzlich erneut. Sofern all diesen verschiedenen Bewegungen ein Muster unterlag, konnte ich es nicht aufspüren; und ich mußte mir eingestehen, daß ich keine Ahnung hatte, was als nächstes passieren würde.

Das war jedoch eine unheilige Auffassung, die im Widerspruch zu dem stand, was man mich in der Sonntagsschule lehrte; anfangs bereitete mir das Kummer. Meine Religionslehrerin, eine gütige Frau, die sich besonders für mich interessierte, erklärte uns, es gebe einen großen Plan für das Universum, ein allwissender Gott regiere Himmel und Erde und verfolge dabei ein Ziel. Ich wollte ihr glauben, es war tröstlich, ihre Worte für wahr zu halten. Aber je öfter ich segelte, desto mehr festigte sich in mir die Überzeugung, daß sie sich täuschen mußte, daß das Leben viel wirrer und chaotischer war, als sie einzuräumen wagte.

Im naturwissenschaftlichen Unterricht erzählte man mir, die physische Welt unterliege unveränderlichen Gesetzen. Mein Chemielehrer schilderte, wie Elektronen um die Atomkerne kreisten, auf die gleiche vorhersagbare Weise wie die Planeten um die Sonne. Dieser strenge Zuchtmeister, der rein mechanisch unterrichtete, vertrat die Ansicht, daß die Wissenschaft alle die bohrenden Lebensfragen beantworte, die der Mensch aufwirft. Im Lauf der Zeit kam ich jedoch dahinter, daß auch die Naturwissenschaft ihre Mängel hatte. Sie konnte mir zwar sagen, wie sich Flüssigkeiten unter Druck verhielten oder wie die Luft sich über die Oberfläche eines Segels oder Flügels bewegte. Aber nicht sagen konnte sie mir, wohin ich segeln sollte oder wie ich von dort, wo ich war, dorthin gelangte, wohin ich wollte.

Dennoch, wenn das Universum auch ein unsicherer Ort war, so beunruhigte mich das nicht sonderlich. Ich brauchte keine mechanistische Sicht des Sonnensystems, um mich in meinem kleinen Winkel des Globus zu Hause zu fühlen. Ich segelte auf der Great South Bay, achtete auf wechselnden Wind oder eine glatt werdende See. Ich schulte meine Fertigkeiten, hatte Freude an den Unwägbarkeiten, den Launen der Natur und fühlte mich wohl in meiner Gesellschaft, weil ich gelernt hatte, mit Überraschungen fertig zu werden. Nach und nach erkannte ich eines: Wenn es in meinem Leben eine Ordnung gab, dann jene, die ich ihm durch das aufzwang, was ich gewohnheitsmäßig tat und was ich wahrnahm, geistig erfaßte.

Als ich älter und erfahrener wurde, begriff ich, daß die Fähigkeit, zwischen tatsächlichen und vermeintlichen Gefahren zu unterscheiden, von grundlegender Bedeutung für ein gutes Urteilsvermögen ist und daß Menschen, die diese Fähigkeit nicht besitzen, schwer benachteiligt sind. Sie verharren in der Befürchtung, es drohe eine Katastrophe, denken nur darüber nach, was passieren könnte, und versuchen es zu verhindern, bevor es überhaupt geschieht. Sie sind nicht Herr der Realität, obwohl sie das gewöhnlich glauben; sie sind Herr der Irrealität, weil sie zulassen, daß ihre Ängste – diese Erfindungen einer unzuverlässigen Phantasie – ihr Leben beherrschen. Man hat den Eindruck, als schafften sie es nicht, eine geheime Barriere zu durchbrechen, welche die Furchtsamen von den Selbstsicheren trennt.

Ich kenne einen hervorragenden Anwalt, der Familienausflüge mit derselben Sorgfalt plant, mit der er Fälle vor Gericht vertritt. Zur Bestürzung seiner Frau und seiner Kinder besteht er darauf, sich vor dem Aufbruch auf jeden möglichen Zufall, jedes denkbare Unglück vorzubereiten. Das Leben ist für ihn ein Gerichtsverfahren, eine echte Prüfung; er steht in einer gegnerischen Beziehung zu ihm und versucht, es mit seinen eigenen Waffen zu schlagen. Als Folge davon verpaßt er die einfachen, unerwarteten Freuden des jeweiligen Augenblicks.

Ich kenne auch eine Hausfrau, deren Angst sich darin verrät, daß sie jede Aktivität vorauszuplanen versucht. Ihr Mann sagt, er könne seine Uhr nach dem stellen, was sie zu einer bestimmten Tageszeit tut.

Steckt sie die Wäsche in die Waschmaschine? Dann muß es Dienstag vormittag 10.00 Uhr sein. Macht sie sich auf den Weg zum Supermarkt? Dann muß es Donnerstag nachmittag 14.00 Uhr sein. Das Abendessen steht bei ihr jeden Tag Punkt 18.00 Uhr auf dem Tisch (nicht eine Minute danach), so daß sie bis zum Fernsehen um 19.00 Uhr mit dem Abwaschen und Aufräumen fertig ist. Jeden Abend erhebt sie sich Punkt 22.00 Uhr von ihrem Wohnzimmersessel und geht zu Bett.

Es gibt mehr solche Menschen, als wir annehmen. Das ist bedauerlich, denn die Abenteuerlust in ihren Adern ist völlig erstarrt, und ihre Umgebung hofft, daß sie sie irgendwie wieder aktivieren werden. Doch das geschieht selten, weil sie es sich einfach nicht leisten können, ihre Welt außer Kontrolle geraten zu lassen. Man kann die Welt allerdings nicht unter Kontrolle halten; sie ist offenkundig nicht kontrollierbar – und das ist das einzige physikalische Prinzip, von dem ich weiß, daß es stimmt. Statt der Realität ins Gesicht zu sehen, ziehen sich solche Menschen zurück, und das traurige daran ist, daß sie sich mit jedem Tag ein Stückchen weiter in ihrer eingeschränkten Welt einigeln.

Vor Jahren, als ich eine Neun-bis-fünf-Uhr-Stellung angenommen hatte, aß ich mittags oft mit einem Kollegen, der hinter jedem Vorkommnis eine Verschwörung witterte, angefangen von Präsident JOHN F. KENNEDYS Ermordung bis hin zum Verschwinden seiner eigenen Autoschlüssel. Er war überzeugt, das erste habe die Central Intelligence Agency (CIA) angezettelt und das zweite gehe auf das Konto von Einbrechern. Er konnte den Gedanken nicht akzeptieren, daß Geschichte manchmal einfach geschieht: Daß irgendein Killer sich mit einem Gewehr in einem Buchlager einschließen oder ein zerstreuter Manager seine Schlüssel in den Schnee fallen läßt. Er brauchte eine Erklärung für das Unerklärliche, die Versicherung, daß hinter jedem Vorkommnis, wie ominös es auch sein mochte, ein intelligenter Geist stehe – also zog er die Illusion einer Verschwörung der Wirklichkeit des zufälligen Geschehens vor. Mit der Zeit gewann die Paranoia die Oberhand über sein Leben. Zuerst verlor er seine Stellung, dann seine Frau; doch selbstredend waren diese Ereignisse für ihn ebenfalls Bestandteil einer großen Verschwörung.

Wir leben in einer Welt, die so chaotisch ist, daß wir zu dem Glauben gelangt sind, nur eine Maschine mit elektronischen Schaltungen könne die ständigen Veränderungen und Wechsel bewältigen. Wir schaffen mathematische Modelle und stopfen sie in diese Maschinen, damit sie uns das sagen können, von dem wir glauben, daß wir es wissen wollen. Wir fordern die Maschinen auf, uns die ultimativen »Was-wenn«-Fragen zu beantworten. Was, wenn die Zinssätze ins Unermeßliche steigen? Was, wenn die Sonne aus dem Himmel herausfällt? Die Maschinen sagen es uns, und wir benutzen die Antworten, um hier einen Knopf zu drücken oder dort einen Schalter zu betätigen. Diese Art des Vorgehens hat jedoch ein großes Manko, abgesehen von der Tatsache, daß sie nur manchmal funktioniert: Wir sind so sehr damit beschäftigt, die Zukunft zu verhindern, daß es nie ein Jetzt gibt.

Wenn ich es mir recht überlege, könnte die Haupttugend meiner blauen Slup sehr gut darin bestanden haben, daß sie mich zwang, in der Gegenwart zu leben und zu viele ungesunde Spekulationen darüber zu vermeiden, was an irgendeinem unbestimmten Punkt in der Ferne, den ich nicht klar sah, passieren könnte. In Wahrheit weiß ich bereits soviel über meine Zukunft, wie ich wissen muß. Der Tag wird kommen, an dem ich sterben werde. Das einzige von Bedeutung für mich ist also die Entscheidung, was ich mit der mir zugemessenen Zeit anfange. Ich kann an der Küste bleiben, gelähmt vor Angst, oder ich kann meine Segel heißen, meine Flagge aufholen und in der Brise davonsegeln.

11
Im Nebel gefangen

Eines Morgens kreuzte ich bei so klarem Himmel aus dem Hafen, daß ich meinte, die Hand ausstrecken und jedes einzelne Blatt entlang der Küste berühren zu können. Es war einer dieser trügerischen Sommertage, an denen nichts das nahende Gewitter ankündigt. Ich schöpfte einen Eimer Wasser und steckte den Kopf hinein, um das Salz auf meinem Gesicht zu spüren, seinen Geschmack auf meiner Zunge.

Erst spät am Tag, während ich am Strandwall entlangsegelte, sah ich weit draußen auf dem Meer die Gewitterwolken. Am Himmel wälzte sich das schwarze Gewoge heran wie eine unaufhaltsam auf die Küste zurollende Flutwelle. Ich lief den Bootshafen von Ocean Beach an, schoß durch die schmale Öffnung hinein und kam an einen Liegepfosten auf der Leeseite des Kais. Meine Segel flatterten dermaßen, daß ich dachte, sie könnten reißen. Ich barg sie rasch und schaffte es gerade noch, sie unters Deck zu stopfen, bevor der Regen niederzuprasseln begann.

Die Nacht verbrachte ich in der schützenden Plicht der Slup, eingewickelt in klamme Segel. Ab und zu döste ich, doch die meiste Zeit über horchte ich auf den Wind in der Rigg, den Ton der an den Mast schlagenden Fallen. In dieser anfallträchtigen Halbwelt zwischen Wachen und Schlafen stieg in mir die Vergangenheit hoch und schmetterte mich nieder. Ich dachte an das Leben, das ich geführt hatte, das ich verloren hatte, das es nicht mehr gab. Ich sah meinen Vater an seiner Staffelei sitzen, neben den vom Boden bis zur Decke reichenden Fenstern unserer Wohnung in Manhattan, von der man den Hudson River überblickte; er malte und malte, lebendige Szenen von maurischen Häfen und arabischen Märkten, weiße Birken und Felsbänke an der Küste von Maine, eine Indianersquaw mit ihrem Kleinen im Arm, beide in einen langen roten Schal gewickelt, eine Dhau mit Lateinsegel, die vor der weißen Küste Afrikas schwamm – und ich lag auf der anderen Seite des Ateliers träge in einem Sessel, starrte staunend auf Bilder, die wie Geister von seinem Zeichenbrett aufstiegen.

Ich habe keine Ahnung, ob solche Neigungen oder Vorlieben vererbt werden, aber es gefällt mir zu glauben, daß mein Vater seine romantische Ader an mich weitergegeben hat. Und jetzt tauchte ich tief in mich selbst hinein, in dem verzweifelten Versuch, jene dünnen Fäden, die einen Vater an seinen Sohn binden, wieder zusammenzuknüpfen. Mein Onkel war gut zu mir; er versorgte mich mit Nahrung, mit Unterkunft, mit einer schönen blauen Slup, und er gewährte mir die Freiheit zu segeln, aber ihm fehlten die künstlerische Leidenschaft und Lebhaftigkeit meines Vaters, und genau diese Eigenschaften verfolgten mich in diesem von Ungewißheit geprägten Moment meines Lebens.

Bei Tagesanbruch erwachte ich. Der Wind hatte nachgelassen und der Regen aufgehört, aber dichter Nebel hüllte die Bucht ein – ein Nebel, der so dick war, daß er in jede Ritze und jede Spalte am Kai kroch. Ich hatte Hunger und fror und fühlte mich schrecklich allein – also beschloß ich, die zwölf Meilen nach Hause aufs Geratewohl zu riskieren, auch wenn ich meinen Weg über die Bucht weitgehend erfühlen mußte.

Ich glitt an schwarzen Kanistern und roten Tonnen vorbei, doch auf halber Strecke zwischen dem Strandwall und dem Festland lernte ich eine durchdringende Angst vor dem Nebel kennen. Der Schleier rund um mich war so dicht, daß ich kaum den Mast vor mir ausmachen konnte. Vielleicht segelte ich im Kreis; vielleicht führte mein Kurs von Bay Shore weg und zurück nach Fire Island. Vielleicht fuhr ich am Leuchtturm vorbei und durch die tückische Meerenge in den Atlantik hinaus. Vielleicht steuerte ich auf Sayville zu, einen Weiler auf dem Festland, der eine Million Meilen von meiner ersehnten Landmarke entfernt war.

Ich segelte weiter, nicht wissend, ob ich gleich auf Grund laufen oder ein Kanal-Verkehrszeichen oder ein vor meinem Bug festgemachtes anderes Boot rammen würde. Ich hatte keine Ahnung, wohin ich fuhr, doch in dieser verschwommenen, verwirrenden Welt sah ich meine einzige Rettung darin, in Bewegung zu bleiben, irgendwohin zu fahren, überhaupt zu fahren, obwohl mein Richtungssinn mich längst im Stich gelassen hatte. Plötzlich dann hörte ich aus den unergründlichen Tiefen des Nebels die Stimme des Kapitäns, die so klar zu mir drang wie ein warnendes Signalhorn und etwas wiederholte, was er mir während einer meiner ersten Segelstunden gesagt hatte, als ich die Pinne in die falsche Richtung schob und das Boot fast in eine gefährliche Halse steuerte.

»Laß die Pinne los!« sagte er. »Laß einfach die Pinne los! Versuch nicht zu steuern, wenn du verwirrt bist!«

Ich befolgte seinen Rat, und die blaue Slup tat

genau, was sie tun sollte. Sie schob sich behutsam in den Wind und kam zum Stillstand. Ich stieg auf den Bug, warf den Anker über Bord und setzte mich aufs Vordeck, wartete auf eine Offenbarung, einen Lichtschimmer, irgend etwas, das mir sagte, wo ich mich befand und welchen Kurs ich nehmen mußte.

In diesem Nebeldickicht gab es keine Küstenlinie, keinen Leitstern, keine aufgehende Sonne, keinen untergehenden Mond. Aber ich hatte mittlerweile genügend Segelerfahrung, um zu wissen, daß ich durch sorgfältige Überprüfung der Elemente einen Hinweis finden konnte, der den durcheinandergeratenen Kompaß in meinem Hirn wieder betriebsfähig machte. Dazu mußte ich nur ruhig auf dem Deck sitzen und meinen Geist von sämtlichen vorgefaßten Meinungen und Vorurteilen über das Wesen des Nebels befreien; dann würde ich in der Lage sein, in dem weißen Gewoge die eine Konstante aufzuspüren, die mich wieder auf den richtigen Kurs brachte.

Sie war dort draußen, das wußte ich gewiß, doch trotz meiner Konzentration weigerte sie sich zu erscheinen. Unvermittelt fiel mir ein, daß ein vor Anker liegendes Boot ein Wetterzeichen ist, genau wie eine Möwe auf einem Pfosten: Es zeigt in den Wind. Als mir das aufging, wußte ich auch, wonach ich Ausschau halten mußte und warum es sich nicht fassen lassen wollte. Ich hatte in den Nebel gestarrt, die dunkelste Stelle gesucht, als sei die Lösung vor meinem Blick verborgen – dabei lag sie klar auf der Hand, und genau aus diesem Grund fand man sie so schwer.

Der Wind war die Lösung; ich erkannte an seiner Feuchtigkeit, an seinem Geruch, an seiner Geschwindigkeit, daß er immer noch so wehte wie den ganzen

Morgen über: von Osten. Ich holte den Anker auf und fing mit meiner Fock einen leichten Windstoß ein; ich steuerte seitlich zur Brise und fuhr, einen weiten Schlag segelnd, nach Norden Richtung Heimat.

Eine Stunde später sah ich den weißen Rand der Sonne und wie sie sich durch den Nebel fraß. Eine Möwe flog über mir vorbei, und unter ihrem Flügel entdeckte ich ganz blaß die Küstenlinie; dann tauchten die weiß getünchten Wände des Strandclubs mit den Badehäuschen neben der Hafeneinfahrt auf, kaum hundert Meter von mir entfernt. Ich hatte eine Torheit begangen: Richtig wäre es gewesen, beim Strandwall zu warten, bis sich der Nebel hebt, ich aber war über Sandbänke und Flache gefahren, nur von meinem Richtungssinn geleitet, der sich am Wind orientierte.

Heute sehe ich im Spiegel der Jahre, daß ich nicht erst damals in den Nebel geriet, sondern schon darin gefangen war, lange bevor ich segeln lernte. Als Folge der Nachwirkungen des Todes meiner Eltern hatte ich mir geschworen, nie mehr zu lieben, denn Lieben war mit dem Risiko verbunden, daß ich mehr verlor, als ich ertragen konnte. Ich hatte meine Trauer so tief in den Grund meines Wesens gedrängt, daß ich von ihrem Vorhandensein nichts mehr wußte. Der Tod tut uns dies an; er ist so unwiderrufbar, so absolut, daß wir seine Existenz leugnen möchten, statt uns unserem Kummer zu stellen und unseren Schmerz zu überwinden.

Ich glaube jedoch, daß wir mit der Kraft geboren werden, unsere Wunden zu heilen, nicht durch Wunder, sondern mit Hilfe einer leisen Stimme, die aus unserem Innern zu uns spricht und sich nicht zum Schweigen bringen läßt, einer Stimme, die uns sagt, wohin wir gehen sollen, was wir tun sollen. Das ist ein

Wunder anderer Art. Die Weigerung dagegen, auf die innere Stimme zu hören, verursacht jene unheilbare Seelenkrankheit, die uns vor unserer Zeit welken läßt.

In meiner Einsamkeit wandte ich mich intuitiv meiner Slup zu, die das Leben mir schenkte, um mich vor mir selbst zu retten. Dank des Segelns erkannte ich das großzügige Naturell meiner Ersatzeltern, fand ich eine gewinnbringende Beschäftigung bei ED DOUBRAVA, nahm ich das Seefahrtswissen des Kapitäns in mich auf, schloß ich Freundschaft mit den Werftarbeitern, Muscheltauchern und Fährenskippern, lernte ich die Jungs kennen, die meine Freunde wurden, und die Frau, die später meine Ehegefährtin und die Mutter meiner Kinder werden sollte.

Trotzdem gab es in den müßigen Tagen meiner Jugend Momente, in denen ich die Jungen und Mädchen, die ich kannte, um ihre scheinbare Sicherheit beneidete. Sie wohnten bei ihren eigenen Eltern in ihren eigenen Häusern und stellten sich nie Fragen über ihre Herkunft oder ihre Zugehörigkeit. Sie zogen in Cliquen herum – gingen in Cliquen auf Partys und zum Tanzen, scharten sich auf den Korridoren und in der Cafeteria der Schule zu Cliquen zusammen. Sie wußten nichts von der Welle der Fremdheit, die einen erfassen und niederwerfen konnte.

Ich erinnere mich genau an den Anführer einer solchen Clique. Er war übermäßig selbstsicher, Kapitän des Footballteams und ein hartgesottener Stürmer, der seinen behelmten Kopf senkte und Angreifer, die ihm in den Weg kamen, einfach über den Haufen rannte. Er besaß eine alte Klapperkiste und ließ sich nach dem Training manchmal herab, mich heimzufahren. Unweigerlich stellte er dann immer wieder die Frage, ob meine Eltern zu den Samstagsspielen kämen, um mich spielen zu sehen.

Die Frage war mir peinlich. Ich hätte den leichten Ausweg wählen, einfach mit Nein antworten und es dabei bewenden lassen können. Aber ich fühlte mich gezwungen, die Wahrheit zu sagen, weil meine Identität auf dem Spiel stand. Wenn er auf das Thema kam, erklärte ich darum jedesmal, daß ich bei meiner Tante und meinem Onkel lebte, weil meine Eltern tot waren. Er gab nie einen Kommentar dazu: es war, als habe er meine Worte nicht gehört. Erst meinte ich, daß ihn die Tatsachen verlegen machten, doch dann erkannte ich, daß sie gar nicht zu ihm durchdrangen; er konnte nicht begreifen, daß sich die Umstände meines Familienlebens von den seinen unterschieden.

Nach und nach bemerkte ich, daß die Neigung, andere rücksichtslos niederzurennen, oft fälschlicherweise als Führungsqualität angesehen wird, und daß Menschen, die diese Neigung haben, oft in Machtpositionen aufsteigen. In Wahrheit aber sind sie gewöhnlich mehr im Nebel gefangen als jene, die Selbstzweifel haben. Wenn sie mit einer Krise fertig werden müssen – einem Watergate-Skandal, einer Ölverschmutzung in Alaska oder einem Gasleck in Bhopal –, ziehen sie ihre Berater hinzu, die ihnen sagen, was sie denken sollen, und ihre Redenschreiber, die ihnen aufschreiben, was sie sagen sollen, denn sie sind völlig unfähig, sich mit der schwierigen Lage anderer zu identifizieren oder zu verstehen, wie andere sich fühlen.

Ich bin mißtrauisch geworden gegenüber Menschen, die sich einer Sache todsicher sind: Solche Menschen sind im besten Falle dumm, im schlimmsten gefährlich, denn ihr Blickfeld wird durch das eingeengt, was sie zu wissen glauben. Sie gleichen dem benebelten Monsieur G., dem Pariser Polizeipräfekten in EDGAR ALLAN POES Kriminalgeschichte *The Purloined Letter* (Der entwendete Brief). Der Präfekt kann das gestohlene Dokument, das er sucht, nicht sehen, obwohl es ihm ins Gesicht starrt. Und warum kann er es nicht sehen? Weil er annimmt, der Dieb habe genau das getan, was er selbst mit einem geklauten Brief täte: ihn an irgendeinem geheimen Platz verstecken. Also vergeudet der Präfekt Wochen damit, Kissen, Matratzen und Teppiche einer gründlichen Prüfung zu unterziehen – er inspiziert sogar Tisch- und Bodenfugen mit einer Lupe –, in dem vergeblichen Versuch, einen Umschlag zu finden, den der Schuldige geschickt auf seinem Kaminsims verborgen hat.

Schließlich geht Monsieur G. mit seinem Problem zu dem scharfsinnigen C. AUGUST DUPIN (dem ersten in einer langen Reihe sagenhafter Spürhunde, die unsere Literatur bevölkern), unterbricht dessen Sitzung mit »Meditation und einer Meerschaumpfeife«. Diese Mischung hat den geistigen Scharfblick des Detektivs keineswegs beeinträchtigt. Dupin folgert richtig, noch bevor er das Haus des Schuldigen besucht, daß der Brief nicht versteckt ist, wenigstens nicht im üblichen Sinn. Er zieht den Präfekten wegen seiner Kurzsichtigkeit auf:

»Vielleicht ist das Rätsel ein bißchen zu einfach«, sagt Dupin.

»Oh, lieber Himmel! Wer hat je so etwas gehört?«

»Ein bißchen zu offensichtlich.«

»Ha, ha, ha! – Ha, ha, ha – Ho, ho, ho! – Oh, Dupin, Sie werden noch mein Tod sein!«

Dupin findet den Brief sofort, nicht weil er eine gute Beobachtungsgabe, sondern weil er eine gute Wahrnehmungsfähigkeit hat; er sieht durch den Brief hindurch in das verschlagene Herz des Diebs, und dort sieht er, was der Präfekt nicht sehen kann und nie sehen wird, auch wenn er noch so lange und scharfsichtig Ausschau hält. Es überrascht also nicht, daß die Detektive, die wir schätzen – SHERLOCK HOLMES, HERCULE POIROT, MISS MARPLE, NERO WOLFE, CHARLIE CHAN, Inspektor COLUMBO –, alle die unheimliche Eigenschaft haben, das Offensichtliche zu sehen. Wir bewundern sie, so sagen wir, wegen ihres Deduktionsvermögens, doch der Ausdruck Detektiv kommt von *detectus,* und das heißt aufwecken, »enthüllen«, aber nicht »deduzieren«. Den wahren Detektiv zeichnet die Fähigkeit aus, das Augenscheinliche, das ihm die Welt präsentiert, mit freiem, uneingeengtem Geist zu untersuchen.

Ich forsche nach der Ursache von Nebel und finde sie überall. Bei Gefrierpunkttemperatur steigt er aus dem Tal auf, läßt er sich auf der Bergkuppe nieder und wogt er vom Meer herein wie eine riesige Wolke, die das Land umarmt. Im Gegensatz zur Tide hält er sich nicht an einen Stundenplan, sondern steigt und fällt nach seiner eigenen rätselvollen Uhr, breitet seinen urtümlichen Zauber über alles aus, was er berührt, und verwandelt die Landschaft, die wir zu kennen glauben.

Ich heiratete als junger Mann, und mit der Leidenschaft der Jugend sagte ich mir: Dieses Band wird ewig halten. Doch ich täuschte mich. Nach drei Jahrzehnten endete meine Ehe, und obwohl ich dieses Ende gewollt, selbst angestrebt hatte, sah ich mich einmal mehr im Nebel gefangen, diesmal durch Scheidung, die eine andere Art von Tod ist. In mancher Hinsicht ist sie sogar schlimmer, denn beim Tod wissen wir, daß die Menschen, die wir lieben, physisch fort sind; bei einer Scheidung dagegen sind sie weiterhin bei uns, erinnern uns an das gemeinsame Leben, das schiefging. Die Trennung ist jedoch gleich erschütternd, und es ist der scharfe Trennungsschmerz, der uns in die Nebelweite der Verlorenheit schleudert.

In den düsteren Tagen, nachdem meine Frau und ich uns getrennt hatten, umfing mich so dichter, anhaltender Nebel, daß ich meinte, er werde sich nie mehr heben. Ich schlug um mich, wechselte von einer Beziehung zur nächsten, unfähig, eine echte Bindung einzugehen, unfähig sogar, auch nur die grundlegendsten Entscheidungen zu treffen, etwa wo ich essen oder was ich anziehen sollte, ohne mich dauernd wieder anders zu besinnen. Gefangen in meiner persönlichen Giftwolke, brachte ich einen ganzen Tag damit zu, zwischen zwei etwa sechzehn Kilometer voneinander entfernten Autohändlern hin- und herzufahren, in dem Bemühen, mir klarzuwerden, ob ich den Kombi des einen Händlers oder den Heckklappenwagen des anderen haben wollte – bis ich schließlich an den Straßenrand fuhr, hielt und auf dem Sitz zusammensackte, erschöpft von dieser Zerreißprobe.

Plötzlich fiel nur jener schreckliche Morgen auf halbem Weg zwischen dem Festland und dem Strandwall ein, an dem ich auf dem Deck meiner blauen Slup saß und in den Nebel starrte – und da wußte ich, was ich jetzt tun mußte. Ich suchte mir ein kleines Haus am Meer und lebte drei Jahre lang allein darin, wartete auf diesen leichten Lufthauch, der mir sagen werde, was ich wollte und welcher Weg mir bestimmt war. Zu gegebener Zeit kam er, und als es soweit war, erkannte ich ihn sofort als den ersehnten günstigen Wind. Von ihm ließ ich mich zu einer neuen Gemeinschaft tragen, einer Liebe, einer neuen Küste und der Arbeit, die ich machen wollte.

Mir tun die Menschen leid, die nicht sehen können, noch mehr aber bedaure ich sehende Menschen, die ihre Orientierung verloren haben, denn sie sind wirklich blind. Wegen ihrer Sehunfähigkeit steuern sie ohne Entschlußkraft und ohne feste Richtung, bis sie untergehen und verschwinden.

Wenn ich spüre, daß ich in diesen Zustand der Hoffnungslosigkeit gleite, was mir manchmal passiert, denke ich an die Worte des Kapitäns, die er vor so langer Zeit sagte – und dann lasse ich die Pinne los und drehe in den Wind.

12

Von Knoten und Schlingen, Steks und Spleißen

Bevor ich das Segeln lernte, war ich der Meinung, jede simple Verschlingung eines Seils sei ein Knoten, doch ED DOUBRAVA belehrte mich bereits bei unserer ersten Fahrt über die Bucht eines Besseren. Er manövrierte sein Motorboot *Jove* an einen wackeligen Anlegesteg von Oak Island und befahl mir, mit der Bugleine an Land zu springen. Ich landete sicher und begann sofort, das Kabeltau um einen Liegepfosten zu wickeln; ich wickelte und wickelte und verknotete schließlich den Tampen zum schlimmsten denkbaren Durcheinander.

Als Ed sah, was ich angerichtet hatte, löste er die Leine und legte geschickt zwei Schlingen über den Pfosten, eine auf die andere, und zurrte sie fest.

»Das ist die beste Art, eine Leine an einem Pfosten festzumachen«, erklärte er. »Es dauert nur eine Sekunde, und der Knoten zieht sich auch nicht fest, egal, wie sehr das Boot daran zerrt.« Um seine Worte zu beweisen, löste er den Knoten auf, völlig mühelos, obwohl starker Zug darauf lastete, und reichte mir die Leine. Beim ersten Versuch, den gleichen Knoten zu machen wie er, legte ich die obere Schlinge falsch herum, und die Leine rutschte vom Pfosten, als ich daran zog. Ich versuchte es noch mal, achtete jetzt darauf, daß die beiden Schlingen gleich waren, und schob beide über den Pfosten, erst die eine, dann die andere. Als ich fertig war, erwischte der Wind die *Jove* breitseits und blies sie vom Anlegeplatz weg; einen Moment lang dachte ich, das Boot würde über den Creek treiben, aber die Leine spannte sich, und der Knoten hielt.

Ich stand auf dem Steg und blickte auf das verschlungene Tau, das untadelig um den Pfosten lag. Der Knoten war so einfach, jedoch gerade wegen seiner Einfachheit sehr elegant. Zwei Schlingen, sonst nichts – zwei Schlingen um einen Pfosten und die Enden zwischen ihnen, in entgegengesetzten Richtungen herausführend. Eine so gut erdachte Verteilung der Kräfte und künstlerisch so gefällig, daß man kaum glauben konnte, das Ganze sei auch praktisch.

Ed hatte nicht gesagt: »Jetzt bringe ich dir den Schifferknoten bei« – und so kam es, daß ich die genaue Bezeichnung »Webeleinstek« erst erfuhr, als ich in einem Knotenlehrbuch auf eine Abbildung davon stieß. Das Handbuch enthielt eine geschraubte Beschreibung und sagte nichts von zwei über einen Pfosten gelegten Schlingen. Ich versuchte die Zeichnung zu enträtseln, aber je länger ich sie studierte, desto verwirrter wurde ich. Mir kam ein zynischer Gedanke: Jeder Muschelfischer und jeder Kapitän eines Ausflugsbootes auf der Great South Bay kannte eine bessere Art, den Schifferknoten oder Webeleinstek zu schlingen, als der Fachmann hier, der den Text geschrieben hatte.

Das Lehrbuch war mir in einem Buchantiquariat die Finger gekommen, und weil es billig war, hatte ich es gekauft. Doch ich benutzte es nur als Sekundärquelle, um die Namen der Knoten und Steks nachzuschauen, die ich von den Anwohnern der Bucht lernte; sie wußten genau, wie man die Knoten schlang – auch wenn sie deren Namen nicht immer kannten. Ed bereicherte mein Repertoire um zwei halbe Schläge, eine praktische Alternative zum Webeleinstek. Der Kapitän trug den Achtknoten bei, den ich an jeden Tampen meiner Schots machte, um zu verhindern, daß sie durch ihre Leitösen liefen; ferner den Palstek, eine stabile Schlinge, mit der ich meine Slup am Liegepfosten im Hafenbecken festmachte; und den Schotstek, mit dem ich zwei Enden von verschiedener Stärke verband.

Eines Tages sah ein schieläugiger, wettergegerbter Werftarbeiter namens SIMMY BAKER, daß ich die Enden eines Falls umwickelte, damit sie sich nicht aufdrehten. Er zeigte mir, wie man die einzelnen Kardeele, die Stränge des Taus, miteinander verflocht; eine viel bessere Methode. Dieser einfache Mensch mit den einfachen Lösungen legte dann den fertigen Spleiß unter die dicke Sohle seines Schuhs und vollführte eine ausgefallene Schrittfolge, die er »Stomp and Roll« nannte, um die losen Tampen zusammenzupressen. Ich suchte in meinem Lehrbuch, fand darin aber nichts über Simmys Tanz.

Ich beschäftigte mich mit diesen Knoten, bis ich sie im Kopf hatte und mit geschlossenen Augen schlingen konnte. Sie waren so genial, daß sich mir die Frage aufdrängte, woher sie wohl kamen. Mit einem guten Knoten geschieht nach meinem Gefühl dasselbe wie mit einem beliebten Volkslied: Er ging von den Eltern an die Kinder und Enkelkinder weiter, schließlich wurde er Bestandteil des Volksguts, und sein Urheber verlor sich in der Geschichte.

Ich versuche mich zu erinnern, wer mir den Kreuz- oder Weberknoten beigebracht hat, den Urvater aller

Knoten, und plötzlich fällt mir ein, daß es meine Mutter war, als sie mir zeigte, wie ich die Bänder an meinen Schuhen binden sollte. Der Kreuzknoten ist eine Variante dieses vertrauten Knotens und stammt von den Seefahrern alter Zeiten, die ihn verwendeten, um ein gerefftes oder verkürztes Segel zu sichern, so daß sie einen Sturm durchstehen konnten. Er erwies sich als derart nützlich, daß er nach und nach Eingang in die Allgemeinheit fand, wo er heute zum elementaren Wissen gehört.

Ein Kreuzknoten besteht aus zwei einfachen Knoten, die fest zusammengezogen werden – dennoch ist es bemerkenswert leicht, ihn falsch zu machen. Man verschlinge nur beim zweiten Knoten die Enden verkehrt, und schon hat man einen »Weiberknoten«, ein häßliches Gebilde, das sich festzieht, so hoffnungslos verklemmt, daß man es nicht mehr aufbekommt, besonders wenn es naß ist; im Notfall muß man einen solchen Knoten mit einem Messer durchtrennen – eine ziemlich schwere Strafe für so einen kleinen Fehler. Kreuzt man die Enden richtig, hat man den Knoten, den man haben will, einen Knoten mit Charakter, der weder im Aussehen noch im Verhalten dem »Weiberknoten« ähnelt.

Mein Lehrbuch warnt mich vor dem Kreuzknoten. Es behauptet, er sei nicht so zuverlässig, wie man meine; bei einem unerwarteten Stoß oder einer falschen Drehung werde er sich wahrscheinlich lockern. Trotzdem, ich verließ mich in meinem Leben bei zahllosen Gelegenheiten auf ihn, und er ließ mich nie im Stich. Als Junge dachte ich, er sei einfach irgendein Knoten, doch als ich älter wurde, ertappte ich mich dabei, daß ich ihn machte, weil ich Freude daran fand, ihn anzuschauen, etwa so, wie man die strudelnde Kielwelle hinter einem Boot anschaut, voll fasziniertem Staunen über die darin verborgenen subtilen Bedeutungen.

Ich strecke die Hand aus und ergreife die Zugschnur, die an der Fensterjalousie über meinem Schreibtisch hängt. Immer wenn ich mich amüsieren, mich von der ermüdenden Arbeit mit Wörtern ablenken will, mache ich einen Knoten in die Zugschnur, nur um zu sehen, wie er entsteht und sich wieder auflöst. Ich mache einen Kreuzknoten, achte darauf, daß jenes Ende, das beim ersten Knoten obenauf liegt, auch beim zweiten oben ist. Ich ziehe ihn fest, ziehe ihn auf, ziehe ihn fest. Er rutscht nie durch, zieht sich nie fest, und während ich ihn bearbeite, auf- und zuziehe, hin und her ziehe, sehe ich ein Bild, ein sinnliches Bild, das ich vorher nie sah.

Ich habe ein perfektes Symbol für die Verbindung von Männlichem und Weiblichem vor mir, von Mann und Frau, Gatte und Gattin – für ihren Liebesakt und ihr Auseinandergehen, ihren Drang, verbunden zu sein, und ihr Bedürfnis, getrennt zu sein. Wenn ich den Knoten festziehen, sehe ich umschlungene Liebende, die einander in den Armen halten und die Beine ausgestreckt haben. Wenn ich den Knoten löse, sehe ich die Liebenden einander loslassen. Das müssen sie tun, denn Liebende, sosehr sie einander auch zugetan sind, können nicht jeden Moment ihres Lebens durch ihre Liebe verbunden sein.

Wenn ein Mann und eine Frau zusammenkommen, bilden sie jedoch statt eines Kreuzknotens leider allzuoft einen »Weiberknoten«, so daß sie eigentlich keine Liebespartner, sondern Gefangene der Liebe sind. Sie reiben und scheuern aneinander, aber sosehr sie sich auch bemühen, sie können ihren Fesseln nicht entgehen. »Wir schließen den Bund der Ehe«, hören wir sie sagen, wenn sie zum Altar streben: Ihre Worte sind prophetischer, als sie denken. Kaum verheiratet, treten sie sozusagen dicht geschlossen auf der Stelle, in der gleichen Gangart, mit dem gleichen Stocken. Es ist ein trauriger Zustand, aber er läßt sich nicht beheben; und weil der Knoten, den sie geknüpft haben, nicht aufgehen wird, werden sie einander schließlich strangulieren.

Ich denke an den Gordischen Knoten, ein so kunstvolles Gewirr, daß die größten Geister des alten Griechenland ihn nicht zu lösen vermochten – bis ALEXANDER DER GROSSE aus Makedonien kam. Alexander entwirrte den Knoten nicht; er schlug ihn mit seinem Schwert durch, und mit diesem kühnen Streich erwarb er sich das Recht, Asien zu erobern. Das tat er, metzelte auf seinem Zug die Menschen nieder oder versklavte sie. Seither wird dieser kluge König – teils Mann, teils Gott – für seine Kühnheit gepriesen; doch nach meiner Ansicht hat diese Sage eine andere Bedeutung. Sie besagt, daß ein Knoten, der nicht gelöst werden kann, letztendlich zu menschlichem Elend führt.

Ich greife wieder nach der Zugschnur und mache einen Palstek, lege eine kleine Schlinge in einem Teil der Schnur, führe dann das Ende durch: darunter, darüber, rundherum und wieder durch. Ich mache den Schotstek und bin überrascht, wie ähnlich die Bewegungen denen beim Palstek sind. Ich drehe den hohen Hocker, auf dem ich sitze, um und mache einen Webeleinstek und dann zwei halbe Schläge um eines der hochstehenden Hockerbeine. Ich mache einen Achtknoten, danach einen Kreuzknoten. Ein Gefühl der Vollkommenheit erfaßt mich, das aus dem Wissen erwächst, daß ich die Fertigkeiten, die ich als Jugendlicher erwarb, noch immer besitze.

Sechs Knoten, mehr nicht – sechs Knoten, jeder in meiner Psyche festgemacht, jeder mit einem eigenen unerforschten Mythos verknüpft. Ich weiß, daß es zahllose andere Knoten gibt, so viele ungenannte Knoten, wie es auch so viele ungelesene Bücher gibt, daß ich mir selbst bei lebenslangem Bemühen nicht alle einverleiben könnte. Deshalb begnüge ich mich mit diesen sechs, denn es sind jene, die ich am meisten brauche, wenn ich zum Meer hinuntergehe und meine Segel heiße.

13

Ein gutmütiges, verzeihendes Boot

West Island, ein winziges Inselchen, liegt wie ein Juwel in der Great South Bay, etwa eine Meile nördlich des Strandwalls, und sein markantestes Merkmal war in meiner Jugendzeit ein beschädigtes Haus, das ein Hurrikan von seinen Stelzen gekippt hatte. Es hing gefährlich am Rand der mit Schilf bewachsenen Küste, die vordere Veranda halb im Wasser und die Schindeln verwittert und verworfen von Wind und Regen. Ich hatte es schon oft betrachtet, immer aus der Ferne, immer voller Neugier, doch eines Tages beschloß ich, so nahe wie möglich hinzusegeln, damit ich es mir genauer anschauen konnte.

Ich glitt über die Untiefen, vertraute auf meine Fähigkeit, das Wasser zu »deuten«, aber die Ebbe floß schneller, als ich dachte, und darum verkalkulierte ich mich. Der Kiel bohrte sich in eine durch Strömung entstandene Sandbank, die Slup kam abrupt zum Stehen und krängte leewärts; obwohl der Wind die Segel füllte, blieb sie stecken. Ich sprang über Bord (das Wasser reichte mir kaum bis zur Badehose), drückte die Schulter gegen den Bug und schob die Slup in tieferes Wasser; als sie Fahrt aufnahm, kletterte ich hinein und segelte weg.

Es gibt kein schöneres Geräusch als das schlurfende Rauschen von Wasser unter dem Rumpf eines Bootes, das Augenblicke zuvor noch festgesteckt war. Ich betrachtete mich als Glückspilz; hätte ich die Slup nicht freibekommen, wäre ich vielleicht die nächsten sechs Stunden auf dem Trockenen gesessen und hätte darauf warten müssen, daß die Tide kenterte und die Flut mich befreite. Ich sagte mir, es müsse irgend etwas geben, ein praktisches Warnsystem, das verhinderte, daß mir so etwas noch einmal passierte. Doch was es gab, wußte ich nicht. Ich hatte von elektronischen Tiefenmessern gehört; daß solche Dinger existierten, war mir bekannt, aber ich wäre nie auf die Idee gekommen, meine schlichte Slup mit einem so fremdartigen Gerät auszurüsten.

An einem nieseligen Tag dann, als ich auf dem Werftgelände umherstromerte, stieß ich auf SIMMY BAKER und erzählte ihm, daß ich mein Boot vor West Island unabsichtlich auf eine Sandbank gesetzt hatte. Simmy war zu Zeiten des Alkoholverbots ein Schmuggler gewesen (zumindest erzählte man sich das im guten alten Bay Shore), und dies machte ihn in meinen Jungenaugen zum Helden. Ein Schnapspanscher, so sagte ich mir, mußte besser als jeder andere wissen, wie man über Sandbänke und Flache schlüpfte. Ich hoffte, er würde mir einiges von seinem Schmugglerwissen weitergeben. Während ich meine Geschichte erzählte, erforschte er das Firmament, als suche er eine himmlische Erleuchtung, und als ich fertig war, richtete er seinen Blick auf mich.

»Das Boot da von dir«, fragte er, »das hat doch ein Mittelschwert und auch einen Kiel, oder?«

»Ja, das hat es«, antwortete ich, ohne zu wissen, worauf er hinauswollte. Meine blaue Slup war eine Mischlingskreatur, ausdrücklich für die seichten Gewässer der Great South Bay konstruiert. Die meisten

Segelboote haben entweder ein verstellbares Mittelschwert (ein vertikales Brett in der Bootsmitte), das vom Cockpit aus hochgeholt und ausgefahren werden kann, oder einen festen Kiel unter dem Rumpf. Mein Boot jedoch verfügte über beides: einen Kiel, der einen Tiefgang von zweieinhalb Fuß hatte, und ein Mittelschwert, das durch einen Schlitz im Kiel ausgefahren wurde und einen weiteren Fuß Stabilität bot, wenn das Wasser genügend Tiefe hatte, was selten der Fall war.

»Aber ich wette, daß du das Schwert nie benutzt«, sagte Simmy.

Er hatte hundertprozentig recht. »Ich brauche es nicht«, entgegnete ich. »Es ist lästig.«

»Vielleicht«, erwiderte er, »vielleicht auch nicht. Wenn es mein Boot wäre, würde ich das Schwert runterlassen, sobald ich meine Segel geheißt habe.«

Als ich das nächstemal aus dem langen, schmalen Kanal kreuzte, befolgte ich seinen Rat. Ich bemerkte sofort, daß meine Slup wesentlich weniger seitlich versetzt wurde als bei hochgeholtem Schwert und deshalb besser vorankam. Zuvor hatte ich mindestens zehn Schläge gebraucht, um die Mündung des Kanals zu erreichen; jetzt schaffte ich es mit acht. Im offenen Wasser war der Unterschied noch krasser. Wenn ich gegen den vorherrschenden Südwestwind kreuzte, mußte ich normalerweise den silbernen Wasserturm anpeilen, der über Saltaire schimmerte; jetzt konnte ich direkt auf den Leuchtturm von Fire Island zuhalten und einen oder zwei Striche höher am Wind segeln.

Als ich mich West Island näherte, sah ich das verlassene Strandhaus auf dem sumpfigen Uferhang zwischen den Rohrkolben schwanken und fühlte mich zu dieser geheimnisvollen Behausung mit der schiefen, halb untergetauchten Veranda hingezogen – von einer Macht, die größer war als ich, einer Macht, die nur ein Junge verspüren kann. Mir blieb keine Wahl, ich mußte diese seichten Stellen überwinden, mich noch einmal mit diesen Untiefen und Flachen messen. Die Flut stand hoch, und das half mir, bis auf etwa hundert Meter ans Inselufer heranzusegeln, weit näher, als ich für möglich gehalten hatte. Plötzlich hörte ich einen dumpfen Schlag. Einen Moment lang dachte ich, mein Boot sei auf Grund gelaufen. Ich wollte schon über Bord springen, um es freizuschieben, da merkte ich, daß es keineswegs im Sand festsaß – daß es noch langsam Fahrt machte, wenn seine Vorwärtsbewegung auch stark gebremst wurde.

Ich hörte das Rumsen erneut, dann wieder, und auf einmal wußte ich, woher das Geräusch kam: von meinem Schwert, das auf dem Buchtboden aufstieß, im Schwertkasten nach oben hüpfte und von neuem auf den Boden schlug. Es funkte mir ein Signal, zweifelsohne ein ebenso zuverlässiges wie ein High-Tech-Tiefenmesser: Es wies mich warnend darauf hin, daß nur noch ein Fuß Wasser meinen Kiel von der Sandbank trennte.

Ich drehte von der Insel ab, zur Fahrrinne hin; einige Augenblicke später hörte das Rumsen auf, und die Slup glitt frei voran, mit genügend Wasser unterm Kiel. Behutsam, vorsichtig steuerte ich zurück zu den Untiefen. Sobald das Schwert wieder zu rumsen begann, drehte ich in den Wind, warf meinen Anker aus, ließ meine Fock herab und watete ans Ufer.

Das Haus war mit Brettern vernagelt, und an der Vordertür prangte ein Schild: »Unbefugten ist das Be-

TRETEN BEI STPAFE VERBOTEN«. Eine überflüssige Brüskierung, denn es gab praktisch keinen festen Boden, auf dem man hätte gehen können. Ich stand auf der Veranda, hielt mich an einem morschen Balken fest und las das verwitterte Warnschild wieder und wieder: »UNBEFUGTEN IST DAS BETRETEN BEI STRAFE VERBOTEN«. Die Worte klangen so abschreckend, so gnadenlos unversöhnlich, daß ich nicht glauben konnte, sie seien für mich bestimmt. Ich war ein ungeheures Wagnis eingegangen; ich hatte riskiert, auf Grund zu laufen und meinen Rumpf zu beschädigen, und ich hatte mein Ziel erreicht – nur um jetzt festzustellen, daß die abwesenden Eigentümer, wer immer sie sein mochten, meine Gegenwart mißbilligten. In ihrer verachtenswerten Angst befahlen sie nur: »Bleib draußen!«, als sei ich ein vom Meer kommenden Barbar, der es darauf anlegte, die verbliebenen Reste ihres Hauses auszuplündern.

Ein Satz aus dem Vaterunser kam mir in den Sinn: »Vergib uns unsere Schuld, wie auch wir vergeben unseren Schuldigern.« Im Englischen heißt sowohl der Sünder als auch der Unbefugte oder Besitzstörer *»trespasser«*. Obwohl ich die Sonntagsschule besucht und diese Worte zusammen mit anderen aufgesagt hatte, mußte ich mir jetzt eingestehen, daß ich nicht die geringste Ahnung gehabt hatte, was sie bedeuteten. Unbefugtes Betreten hieß, Schuld auf sich laden, aber was waren »unsere Schuldiger«, und wie verhängnisvoll würde es sein, wenn ich das ausdrückliche Verbot mißachtete, die vernagelte Tür aufbrach und ins Haus ging? Ich war allein auf der Insel. Es gab keinen Zeugen für meine Überschreitung. Wer würde je davon erfahren?

Ich stieß mit aller Macht gegen die Tür, doch sie

rührte sich nicht; entweder war sie zu schwer, oder ich war zu schwach. Ich versuchte es erneut und spürte das furchteinflößende Gewicht, nicht des aufgequollenen Holzes, sondern der Klauseln und Einschränkungen, die mein Leben beherrschten. Der Weg war mir verbaut. Ich hätte wütend sein sollen, doch statt Wut empfand ich Erleichterung. Gerade recht, sagte ich mir. Angenommen, ich wäre reingekommen und hätte mir ein Bein gebrochen. Man würde mich zur Verantwortung ziehen, weil ich ein Besitzstörer – und ein Rechtsverletzer bin.

Die Wucht dieses Schildes mit dem »BETRETEN VERBOTEN« spüre ich heute noch genauso stark wie an dem Tag vor so langer Zeit, als ich gegen alle die unsichtbaren Barrieren kämpfte, gegen alle die willkürlichen Grenzen, die ich nicht zu überschreiten wagte. Mir kam es in jenem trostlosen Moment so vor, als sei die Welt, in der ich lebte, ein Irrgarten aus künstlichen Linien, die andere zogen, um mich an meinem Platz zu halten. Heute weiß ich jedoch, daß mich keineswegs ein Mangel an Verstand oder brutaler Kraft davon abhielt, immer davon abhielt, das zu tun, was ich wollte, sondern meine stillschweigende Akzeptanz von Gesetzen, die jemand anderer aufgestellt hatte.

Meine Tante und Pflegemutter zählte zu den eifrigsten Regelmachern in meinem Leben, und ich konnte ihre klagende Stimme in dieser Situation deutlich hören – bis über die Bucht drang sie zu mir:

»Du hast in deinem Schlafzimmer das Licht brennen lassen. Geh nach oben und schalte es aus!«

»Du hast den Wasserhahn an der Badewanne tropfen lassen. Bitte dreh den Hahn fester zu!«

Eines Morgens klebte ein Zettel am Spiegel des

Medizinschränkchens über dem Ausguß. »Drücke die Zahnpaste von unten heraus«, stand darauf, »nicht von oben!«

Ein Scherz, dachte ich, das kann nur ein Scherz sein – aber später fand ich heraus, daß die Art, wie ich meine Zähne putzte, für sie eine moralische Beleidigung war.

Stellten alle diese Missetaten von mir Rechtsverletzungen dar? Wenn ich nach den Reaktionen meiner Tante urteilte, war mir, als seien es welche, als hätte ich ihre Auffassung von der richtigen Ordnung der Dinge verletzt. Allerdings handelte es sich hier um unbedeutende Dinge, und ich muß zugeben, daß einige ihrer Regeln tatsächlich sinnvoll waren. Im täglichen Leben zählte es zu den unerläßlichen Bedingungen, daß man keine Lichter im Schlafzimmer brennen und keine Wasserhähne an der Badewanne tropfen ließ. Mich ärgerte auch weniger der Inhalt ihrer Anweisungen als die Art, in der sie sie mir erteilte.

Natürlich konnte ich rebellieren, das wußte ich. Ich konnte mich weigern, ihr zu Willen zu sein, und die Zahnpaste weiter von oben herausdrücken. Ich konnte einen Rammklotz suchen und mir den Weg in dieses verlassene Haus freischlagen. Doch Rebellion entsprach nicht meinem Naturell. Mir lag zwar viel daran, meine Unabhängigkeit zu bewahren, aber ich erkannte die Sinnlosigkeit einer Konfrontation um der Konfrontation willen. Ich mußte im Leben eine vernünftigere Segelweise finden, einen günstigeren Winkel zum Wind.

Ich blickte übers Wasser zu meiner an ihrer Ankerleine schaukelnden Slup, deren Großsegel leicht im Wind flatterte. Sie wartete wie ein treues Pferd an einem Anbindepfahl oder ein Freund an einer Straßenecke; geduldig – ohne Kritik, ohne Vorwürfe – harrte sie meiner Rückkehr. Ich watete hinaus, heißte die Fock, lichtete den Anker und steuerte einen weiten Schlag durch die Fahrrinne, die sich auf halber Strecke zwischen West Island und dem Strandwall befand. Nach einigen Segelminuten merkte ich, daß irgend etwas nicht stimmte, und ich wußte sofort, was es war. Ich hatte Simmys nachdrückliche Worte nicht befolgt und das Schwert nicht ausgefahren.

Ich zog den Haltestift heraus, das Schwert glitt durch den Rumpf und den Kiel ins Wasser und gab mir einen zusätzlichen Fuß Tiefgang. Die Slup reagierte sofort; sie krängte und offenbarte eine Seite ihres Charakters, von der ich nichts gewußt hatte. Wenn ich mein Segel zu dicht anholte oder zu stark auffierte, drohte nicht die Gefahr, daß sie kenterte oder zu einem plötzlichen Halt kam; sie korrigierte vielmehr ohne Aufhebens ihren Kurs und durchpflügte weiter die See. Es war, als habe die Slup einen eigenen Verstand, als gleiche sie meine Fehler aus, und zwar in so behutsamer, rücksichtsvoller Weise, daß ich keinerlei Anstoß daran nahm.

Bei meinen Segeltörns sah ich viele verschiedene Bootstypen, und ich studierte alle, um herauszufinden, wie sie im Vergleich zu meiner Slup waren. Es gab breite, plumpe Catboote mit Gaffelrigg, so stabil, wie ein Boot nur sein konnte, aber offenbar immun gegen eine Veränderung des Windes oder der Tide. Und es gab kleine, sensible Rennboote, Snipes, Comets und Frostbite-Dingis, die auf die geringste Bewegung oder das leichteste Anluven reagierten. Meine blaue Slup lag irgendwo zwischen diesen beiden Extremen;

sie reagierte langsam auf die Elemente, spürbar so, daß mir genügend Zeit blieb zu erfassen, was sich abspielte.

Die Lehren unserer Jugend liegen verborgen in unserem Innern und beleben unsere späteren Jahre, und ich kann mit Sicherheit sagen, daß der Bootstyp, den ich als Junge segelte, Einfluß darauf hatte, welche Art Mensch ich wurde. Ich weiß, was ich im Umgang mit anderen mag und nicht mag, und ich glaube, daß ich meine Haltung bis zu jenem entscheidenden Tag zurückverfolgen kann, an dem ich erstmals mein Schwert ausfuhr. Bei Freunden, Partnern und Gefährten, männlichen wie weiblichen, suche ich das gleiche wie bei einer Slup: eine von Gutmütigkeit und von Verzeihen geprägte Beziehung, in der ich automatisch die Mängel der anderen ausgleiche und sie die meinen.

Mir ist durchaus bewußt, daß dieses subtile Geben und Nehmen, wie ich es nur wünsche, äußerst schwer zu finden ist, schlicht deshalb, weil viele Menschen Gutmütigkeit, Verzeihen und Versöhnlichkeit in einer völlig unverzeihlichen Weise sehen. Für sie handelt es sich dabei um einen Kampf, in dem die eine Partei unrechtes Tun zugibt und sich entschuldigt, während die andere Partei das Bekenntnis selbstgerecht akzeptiert und verzeiht. In einer solchen Beziehung ist die Luft erfüllt von endlosen gegenseitigen Beschuldigungen, und jede Tat wird zu einer Willensprobe, einem Tauziehen.

Während meiner Segeljahre entschuldigte ich mich kein einziges Mal bei meiner Slup, und sie entschuldigte sich nie bei mir. Ich vermute, daß wir uns, hätte ich sie als Mensch inkarnieren lassen können, in genauso respektvoller Weise auf die jeweiligen

Schwächen des anderen eingestellt hätten. Hätte ich das Licht im Schlafzimmer brennen oder den Badewannenhahn tropfen lassen, dann hätte sie die entscheidende Korrektur vorgenommen, ohne etwas von mir zu fordern. An der Zahnpastatube hätte sie mich, glaube ich, drücken lassen, wo ich wollte.

Jahre später, lange nachdem ich von der Great South Bay weggezogen war, wanderte ich nördlich von Seattle, am Puget Sound, durch einen Hafen und schaute mir die entlang des Ufers festgemachten Boote an. Ich stieß auf eine hochseetüchtige Ketsch, die mir auf den ersten Blick gefiel. Während ich so dastand und ihre klaren, anmutigen Linien bewunderte, tauchte ihr Eigner aus der Kajüte auf, und wir knüpften ein Gespräch an. Er erzählte mir, daß er mit seiner Frau und seiner zweijährigen Tochter an Bord lebe und daß sie die Jacht von ihrem Heimathafen Singapur ohne Ladung über den Pazifik gesegelt hatten.

Er lud mich in die Kajüte ein und zeigte mir schließlich alles: ihre stabilen Kojen, ihr sauberes Klo im Bug, ihre kompakte Kombüse und ihren großen Stauraum. Ich war wirklich beeindruckt, vor allem von der Mahagoni-Verarbeitung, doch als wir aufs Deck zurückkehrten, erwähnte ich keines dieser Dinge, sondern sagte: »Ich habe das Gefühl, daß sie ein gutmütiges, verzeihendes Boot ist.«

Bei meinen Worten erschien ein breites Lächeln auf seinem Gesicht, als hätte ich ihm das größtmögliche Kompliment gemacht. Zweifellos verstand er genau, was ich meinte.

»Ja, das ist sie«, antwortete er, während wir uns die Hände schüttelten. »Eine andere Art Boot würde ich nicht segeln.«

14

Im Grunde des Herzens ein bequemer Segler

Eines Tages fragte mich meine Tante zu meiner Überraschung, ob ich sie zum Segeln mitnähme. Bis dahin hatte sie sich für meine Slup bestenfalls am Rande interessiert. Sie erhob keine Einwände gegen mein Segeln, sondern ermutigte mich eher dazu, aber noch nie hatte sie den Wunsch geäußert, selbst an Bord zu kommen.

Ich wollte sie nicht mitnehmen. Sie war eine ängstliche kleine Frau, die gern Stegreifpredigten hielt, darum scheute ich die Vorstellung, allein mit ihr auf dem Boot gefangen zu sein. Ich gab eine ausweichende Antwort, in der Hoffnung, sie werde die Sache fallenlassen, doch eines Morgens wiederholte sie ihre Frage mit solchem Nachdruck, daß ich keine Möglichkeit einer taktvollen Ablehnung sah.

Wir segelten bei leichtem ablandigen Wind aus dem Hafen; als wir offenes Wasser erreichten, nahm ich nicht Kurs über die Bucht wie normalerweise, sondern hielt mich bewußt an der Festlandsküste. »Hier entlang ist es ganz sicher«, sagte ich. »Wir werden nicht kentern – aber falls doch, könntest du im Wasser stehen, ohne Problem.«

»Oh, daß wir umkippen könnten, macht mir keine Sorgen«, entgegnete sie mit so ruhiger Stimme, daß ich einen Moment lang nicht wußte, ob es die ihre war.

»Du glaubst es vielleicht nicht«, fuhr sie fort, »aber ich war als Mädchen eine gute Schwimmerin.«

»Du, Tante Flo?« fragte ich.

»Ja, ich. Als ich so alt war wie du, schwamm ich jeden Tag gut drei Kilometer.«

»Gut drei Kilometer?!« Ich war beeindruckt. Das war ein Drittel der Strecke über die Bucht. Ich drängte sie, mir mehr zu erzählen: wo sie geschwommen war, mit wem und wie die Welt in ihrer Mädchenzeit gewesen war. Sie begann Dinge zu erzählen, von denen ich noch nie gehört hatte, Geschichten über sich selbst, ihre beiden jüngeren Schwestern (von denen eine meine Mutter gewesen war) und ihre Eltern, meine Großmama und meinen Großpapa. Sie sprach von den gemeinsamen Urlaubstagen, von den Buchten und Seen, die sie besucht hatten, und von meinem Großpapa, wie er in seinem einteiligen Badeanzug im Sand saß, um den Hals eine Trillerpfeife, die an einem Taljereep hing.

»Immer wenn ich zu weit hinausschwamm«, erzählte sie, »lief er hinab zum Wasserrand und pfiff, dann mußte ich zurückschwimmen.« Ihre Stimme brach, und sie ließ den Kopf sinken, als ringe sie mit Gefühlen, die sie längst überwunden glaubte.

Während sie sprach, drehte ich vom Land ab zum tieferen, blaueren Wasser der Bucht. Ich segelte, ohne allzusehr über das Wohin oder Warum nachzudenken. Mich lenkte weniger der Wind als der Klang ihrer Stimme, die Geschichten über jene Welt spann, aus der ich stammte und die mich ernährt hatte, bevor ich geboren worden war. Hier draußen, mitten auf der Bucht, schien meine Tante mit sich selbst im reinen zu sein, Frieden gefunden zu haben, ihr nervöser Tick, der an Land sehr auffiel, löste sich unter dem wohltuenden Einfluß von Wind und Wellen, und ich fühlte mich ihr enger verwandt als je zuvor.

Feiner Dunst zog vom Meer herein, verhüllte das Festland mit einem Gazeschleier. Tante Flo verstummte; sie saß neben mir auf der luvseitigen Bordwand und schaute übers Wasser auf die verschwommene, verschwindende Küste. Nach einer Weile drehte sie sich zu mir herum und fragte: »Das Wort *atonement* – weißt du, was es bedeutet?«

»Es bedeutet, für seine Sünden büßen. Buße, Wiedergutmachung für seine Untaten.« Ich hatte ihr schnell geantwortet, leere Worte geäußert, weil ich dachte, dies wolle sie hören.

»Nein«, entgegnete sie, »es bedeutet *at-one-ment,* in eins sein – Einssein mit Gott.«

Ich war verblüfft über die Art, wie sie das Wort in Silben auflöste. Ein Spiel mit Wörtern, dachte ich, sie spielt ein albernes Gesellschaftsspiel. Doch meine Gedanken konnten sich nicht lösen von dem, was sie gesagt hatte, und je länger ich über *at-one-ment* im Vergleich zu *atonement* nachsann, desto stärker sprach mich ihre Erkenntnis an. Versuchte sie mir etwas über mich selbst zu sagen und darüber, warum ich segelte? Wenn ja, dann war ihr Timing perfekt; sie hatte genau jenen Augenblick gewählt, als ich mich in der richtigen Stimmung befand, um mir anzuhören, was sie zu sagen hatte. Es war, als sei die blaue Slup ein Verwandlungsmittel, als bringe sie verborgene Tugenden in jenen zutage, die sich an Bord befanden, einschließlich meiner Tante und mir.

Jahre später fand ich heraus, daß diese Auslegung nicht von Tante Flo stammte. Rabbis sprechen am Jom

Kippur, dem Versöhnungsfest der Juden, oft vom *at-one-ment,* und auch viele Geistliche und Priester halten Predigten über das Einssein. Doch zum erstenmal hörte ich davon, während ich mit Tante Flo mitten auf der Great South Bay segelte, und es erfüllte meine Gedanken, während wir den langen Heimweg begannen. Ich wollte sie fragen, was sie unter Gott verstand, wagte es aber nicht. Ich war überzeugt, sie würde mir von dem Gott erzählen, den wir im Gebet anflehten, von dem Gott, dessen Namen wir mißbrauchten, von der allwissenden, weißhaarigen Autoritätsgestalt, die im Himmel wohnte. Doch diese Sicht Gottes stimmte nicht mit meiner jugendlichen Auffassung von der Welt und ihrem Funktionieren überein.

Gott, damit waren in jener heidnischen Periode meines Lebens die Götter von Wind, Sonne, Mond und den Gezeiten gemeint. Ich strebte danach, bei diesen Göttern in einen Zustand der Gnade zu gelangen, so lange zu segeln, bis ich ein Teil von ihnen und sie ein Teil von mir wurden. Ich hatte nicht die Absicht, mir die Elemente nutzbar zu machen, sondern mein Ziel war, sorgfältig auf sie zu achten, genau auf sie zu hören und mich mit allen Naturkräften zu verbünden, die unsere Welt beherrschten.

Ich begann mit der eigenwilligsten aller Gottheiten: dem Wind. Beim Segeln hatte ich herausgefunden, daß es nicht einen Wind gab, sondern viele Winde, und daß jeder einen ausgeprägten eigenen Charakter besaß. Da gab es den vorherrschenden Südwest, der während des ganzen Tages an Geschwindigkeit zunahm, wenn die Sonne das Land erwärmte, und abends abflaute, wenn die Erde ihre Wärme abstrahlte. Da war der böige Nordwest, der eine Minute lang aus irgendeinem riesigen Blasebalg am Himmel heftig blies, in der nächsten Minute verschwand, nur um wenig später noch wütender wieder einzusetzen als zuvor. Da gab es den sanften Ost, der lange, triste Tage mit Nieselregen und Nebel brachte. Und da gab es den rücksichtslosen, tobenden Sturm aus Südost, der das Wasser zu wogenden Wellen mit weißen Schaumkronen aufpeitschte.

Im Lauf der Zeit erreichte ich mein Ziel, ich wurde eins mit dem Wind. Ich stellte fest, daß ich seine Richtung angeben konnte, sobald ich morgens nach dem Aufstehen den ersten frischen Luftzug eingeatmet hatte. Ich konnte seinen Geschmack auf der Zunge spüren und seinen feinen Druck in meinen Knochen fühlen. Wenn ich nieste, wußte ich, daß starker, trockener Nord Pollen über das Land wehte; und wenn ich auf mein Kissen zurücksank, war klar, daß mich ein schlaff machender Süd im Griff hatte, der vom Meer her wehte und den unverkennbaren Geruch von Gezeitenmorast und Scheidenmuscheln mitführte.

Ich lernte die eleganten See- und Küstenvögel kennen, Herren des Wassers und der Luft. Ich hörte den Regenbrachvogel übers Röhricht fliegen; ich sah die Rohrbrustschnepfe im Schlamm der Sumpfgebiete Nahrung suchen. Ich sah den Silberreiher wie eine riesige Schneeflocke über einen Mündungstrichter schweben und den großen, bläulichen Graureiher auf seinen dünnen Beinen mit stoßbereitem Schnabel im Seichtwasser umhersteigen. Im Herbst sah ich den Seetaucher, die Brandente und die weißgefleckte Büffelkopfente bei ihrer Fischjagd von der Wasseroberfläche aus meisterlich tauchen. Und in der beklemmenden Stille, die vor einem Hurrikan herrscht, konnte ich darauf bauen, daß entlang der brackigen Creeks die rasselnden Schreie des Eisvogels erklangen.

Während dieser trägen Sommertage auf meiner Slup fand ich etwas Wesentliches über mich heraus: Ich war im Grunde des Herzens ein bequemer Segler. Ich mochte keine Regatten fahren, nicht mit anderen wetteifern, nicht ausprobieren, ob ich meine Slup schneller dahinschießen lassen konnte als die anderen ihre Boote; ich hatte nicht das Verlangen, als Einhandsegler den Ozean zu überqueren, nicht den Wunsch, die Welt zu umrunden. Ich wollte nur auf dem kostbaren Juwel hier kreuzen, auf der Great South Bay; ich wollte mit festgeklemmten Schoten herumgeistern, während die See über die Leereling schwappte. Ich wollte mich in verborgene kleine Buchten und Häfen wagen, an windgepeitschten Inseln entlangfahren, vor einsamen Stränden ankern, wo ich schwimmen oder auf dem Sandboden laufen und Muscheln für Chowder-Eintopf suchen konnte.

»Es lohnt sich nicht, rund um die Welt zu fahren, um die Katzen in Sansibar zu zählen«, schrieb HENRY THOREAU in *Walden – oder das Leben in den Wäldern.* Ich las diese Worte als Mann, nicht als Junge, doch bei ihrem Anblick auf der Buchseite fielen mir sofort jene endlosen Tage des Forschens ein, an denen ich mit meiner Slup in einem prächtigen Revier gleich neben meinem Wohnort segelte. Diese frühen Erfahrungen prägten meine Sehweise so nachdrücklich, daß ich bis heute mißtrauisch bin gegenüber den Touristenmassen, die auf der Erdkugel herumziehen. Ich lernte einmal einen Mann kennen, der sagte, er habe jeden exotischen Ort vom Grand Canyon bis zur Chinesischen Mauer besucht, doch als ich ihn eingehender befragte, stellte sich heraus, daß er nicht einmal die Singvögel im Garten hinter seinem Haus gesehen hatte.

Solchen Menschen möchte ich vorschlagen, sich an einen Seerosenteich zu setzen, vollkommen still zu sein und in den Teich zu blicken. Doch in einer Gesellschaft, die Kontemplation geringschätzt, ist es schwer, diesen Rat zu geben, und noch schwerer, ihn anzunehmen. Wir glauben an Lokomotion, an Fortbewegung um ihrer selbst willen; wir meinen, daß wir, wenn wir von einem Ort zum anderen flitzen, irgendwo hinkommen. Wir sind Sprinter, die geistlos gegen die Uhr anrennen, gegen sich selbst, gegen den Todesengel – und dabei das Wesentliche ihrer Existenz verpassen.

In einem solchen kostbaren Augenblick geht es um das, worum es immer ging: um die Alltäglichkeit des Lebens. Alles Bedeutende ist klein und langsam. Müssen wir sterben und an unseren winzigen Ort auf dem Planeten Erde zurückkommen wie Emily in THORNTON WILDERS Schauspiel *Unsere kleine Stadt*, um das Schneckentempo der Liebe zu erleben? In unserer Literatur gibt es keinen erschütternderen, gequälteren Aufschrei als jenen Emilys in dem schrecklichen Moment, bevor sie in ihr Grab auf dem Hügel zurückkehrt.

»Leb wohl, leb wohl, Welt. Leb wohl, Grover's Corners – Mama und Papa. Ein Lebwohl den tickenden Uhren – und Mamas Sonnenblumen. Und Essen und Kaffee. Und den frisch gebügelten Kleidern und heißen Bädern – und dem Schlafen und Aufwachen. Erde, du bist zu wunderbar, als daß jemand dich erkennen würde.«

Sie blickt zum Spielleiter und fragt abrupt, unter

Tränen: »Begreifen irgendwelche Menschen je das Leben, während sie es leben? – Jede, jede Minute?«

Und der Spielleiter antwortet:

»Nein. Die Heiligen und die Dichter, vielleicht – sie ein wenig.«

Heilige und Dichter, was sind sie anderes als gewöhnliche Sterbliche wie du und ich? Wir besitzen genau wie sie die Macht, die Stunde auszumalen, den Tag zu verklären. Wir müssen nicht auf eine Kirche warten, die uns heiligspricht, um zu den vollbewußten Wesen zu werden, als die wir gedacht sind.

Gelingt es uns nicht, bezahlen wir mit unserem Leben dafür. Ich meine das wortwörtlich, denn die Folgen von Gleichgültigkeit gegenüber den kleinen Wundern der Welt sind nur allzu offensichtlich. Gerade jetzt breitet sich im ganzen Land eine aus Langeweile geborene epidemische Depression aus, und wir wenden uns der Gewalt zu, um die Leere auszufüllen. Statt die Spinne zu beobachten, während sie ihr Netz webt, sehen wir uns Gemetzel im Wohnzimmer an und Morde im Kino. Weil wir hoffnungslos süchtig werden, bevor wir es merken, finden wir gestellte Tötungen unbefriedigend; sie stillen den nagenden Hunger in unseren Eingeweiden nicht mehr. Wir brauchen wirkliche Selbstverstümmelung, wirklichen Krieg, wirkliche Leichen, um die Langeweile zu lindern, die uns lebendig zu begraben droht.

In unserer Verzweiflung wenden wir uns Sportereignissen als einem Fetisch zu, und die unechte Erregung lindert tatsächlich unseren Schmerz, aber nur für eine Weile. Ich gestehe, daß diese Spektakel – die World Series, der Stanley Cup, der Super Bowl – mich anziehen, genau wie meinen Nächsten, und genau wie mein Nächster habe ich eine Mannschaft, der ich zujuble, und eine, die ich hasse. Doch ich weiß auch, daß ich nach dem Ende des Spiels in eine Leere falle, selbst wenn meine Mannschaft gewonnen hat. Dann wandere ich im Haus herum, murre, haue an Schranktüren, klappere mit dem Geschirr in der Spüle, blicke der Überdrüssigkeit ins Auge, dem Unerfülltsein meiner eigenen Person – und plötzlich fällt mir ein, daß es einen besseren Ort für mich gibt.

Ich gehe zum Strand hinunter und beobachte die Wellen, wie sie an die Küste rollen. Ich studiere die Mittagsblume und die Sandflöhe und die Winkerkrabben und die eigenartige Aufwärtsbiegung des Schnabels der Pfuhlschnepfe. Weit über mir steigt der Mond, der wieder einmal tagsüber scheint, am östlichen Himmel empor, und ich weiß, daß die Flut kommt. Ich stehe im nassen Sand, so nahe am Wasserrand, daß die Brandung meine Schuhe, überspült. Mit einemmal sehe ich im Wasser, etwa dreißig Meter von mir entfernt, einen bärtigen Seelöwen, der seinen schwarzen Kopf über die Brecher reckt; er starrt mich leicht amüsiert an, als sei ich das sonderbarste Geschöpf auf der Welt, das ich vielleicht auch bin.

15
Wie ein steuerloses Boot

Eines Morgens heißte ich sehr früh meine Segel und kreuzte aus dem Kanal, ohne recht zu wissen, wohin ich wollte. Im offenen Wasser draußen beschloß ich dann, entgegen meiner Gewohnheit nicht zum Strandwall zu fahren, sondern die Festlandküste entlangzusegeln. Ich nahm Kurs nach Osten, der aufgehenden Sonne entgegen, und passierte viele vertraute Landmarken: die Kaps Bayberry Point, Nicoll Point, Timber Point. Der Wind kam von achtern, und mein Großbaum war ausgefahren.

Augusthitze lag auf dem Land, und üppiges, dichtes Laub säumte die Küste. Durch die Blätter sah ich gelegentlich Anzeichen der Zivilisation: einen Kamm, einen Gastank, einen Wasserturm, einen Kirchturm. Ich lebte dort mit Tausenden anderer Menschen, irgendwo in diesem vorstädtischen Ort hinter der Baumlinie. Vom Meer aus jedoch, unter dem Segel meiner Slup hindurch, wirkte die Küste kaum besiedelt, kaum von menschlichen Behausungen berührt, fast ursprünglich.

Erst als ich den Connetquot River passierte, merkte ich, daß ich mit dem Wind im Rücken eine viel größere Strecke zurückgelegt hatte, als ich wollte. Der auflandige Wind hatte beträchtlich aufgefrischt, und jetzt blieb mir nichts anderes übrig, als auf dem ganzen Heimweg gegen ihn anzusegeln. Ich beschloß zu halsen; das war die schnellste Art, das Boot zu drehen. Ich brachte das Heck durch den Wind, und als der Baum auf die andere Seite umschlug, konnte ich plötzlich nicht mehr steuern.

Die Pinne wackelte lose in meiner Hand, das Boot taumelte in der Brise. Ich legte mich bäuchlings aufs Achterdeck und schaute über den Heckspiegel, um herauszufinden, was passiert war. Nach ein paar Sekunden sah ich mein Ruder etwa sieben Meter vom Heck entfernt aus dem Wasser auftauchen und wegtreiben.

Offenbar war es beim Halsen aus seiner Befestigung geschlagen worden. Da ich das Boot nicht mehr unter Kontrolle hatte, tat ich das einzige, was ich tun konnte: Ich ließ die Segel herab und das Boot vom Wind breitseitig in Richtung Land treiben. Ich schaute am Mast hoch; er kippte immer auf die eine und dann auf die andere Seite, wenn die herankommenden Wellen unter dem Rumpf durchrollten. Mir wurde übel, ich hatte plötzlich einen Schweißausbruch und eine trockene Zunge. Was mit mir los war, wußte ich nicht – ich war noch nie seekrank gewesen.

Mit Hilfe eines Paddels gelang es mir, die Slup in den Fluß zu lenken, wo ich Anker warf und ziemlich viel Leine abrollen ließ, so daß ich in der Nähe der sandigen Böschung über die Bootsseite rutschen und ans Ufer waten konnte. Ich ging durch einen Sandstreifen zu einer heißen Teerstraße hinauf und wanderte barfuß ihre grasbewachsenen Bankette entlang, bis ich die Hauptstraße erreichte. Nach einer Weile nahm mich ein Teenager in einer alten Karre mit, und er setzte mich entgegenkommenderweise direkt vor dem Haus des Kapitäns am unteren Ende der Ocean Avenue ab.

Es war mitten am Nachmittag, als ich dort eintraf. Die Ausflügler des Kapitäns waren bereits wieder weg, und er spritzte das Deck der *Nimrod* ab, spülte Schuppen und Eingeweide zur Freude der heiser schreienden Silbermöwen in den Creek. Ich half ihm, die Bilge auszupumpen und den Wassertank aufzufüllen. Als wir mit diesen Arbeiten fertig waren, wandte er sich mir zu und fragte: »Und was bringt dich hierher?«

»Ich hab' mein Ruder verloren – vor Timber Point.«

»Wo ist sie jetzt?«

»Im Fluß vor Anker.«

»Na, ich denke, wir fahren besser los und holen sie.«

Er startete den Motor, ich machte die Leinen los, und wir tuckerten den Kanal hinaus in die Bucht.

Ich habe ein altes Foto von der *Nimrod,* das ich von Zeit zu Zeit anschaue, um mir ihre anmutigen Linien ins Gedächtnis zu rufen. Gleich vielen anderen Ausflugsbooten in diesem Revier auf der Bucht war sie ursprünglich als Segelboot gebaut worden, als breites Catboot, und zwar von der berühmten Bootsbaufirma Crosby am Cape Cod. Der Kapitän hatte sie umgebaut: den Mast entfernt, die Kabine im Rumpf vergrößert, mittschiffs einen Baldachin errichtet und einen Motor installiert, dessen Tuckern kanalaufwärts und -abwärts das Kommen und Gehen des Kapitäns ankündigte. Ihre wesentlichen Merkmale hatte die *Nimrod* jedoch behalten; sie blieb trotz aller Veränderungen ein Segelboot, und ich fühlte mich sofort zu Hause auf ihr, als ich an Bord ging.

Der Kapitän saß unter dem Baldachin und steuerte, ich saß auf dem Heck neben seiner ausgefransten Flagge, betrachtete die Kielwelle und dachte an das

Vorkommnis, das mich gezwungen hatte, meine Slup zu verlassen. Mir schien der Verlust des Ruders von allen Mißgeschicken, die einem Segler widerfahren konnten, bei weitem das bedrückendste zu sein. Ich durchlebte den Zwischenfall erneut – wie später noch viele Male. Da glitt ich dahin, meine Segel prall, meine Schoten straff, mein Leedeck vom Wasser bespült, und unversehens beendete mein Ruder seine Partnerschaft mit meinem Kiel. Im einen Augenblick war ich ein autonomes Wesen, im nächsten ein armer Wurm, dem Wind und den Wellen ausgeliefert.

Wir fanden die Slup genauso vor, wie ich sie verlassen hatte, befestigten eine Leine am unteren Mastende und schleppten sie nach Bay Shore. Als wir die Werft erreichten, war bereits Arbeitsschluß, doch Simmy, der Kapitän und ich hievten sie trotzdem noch aus dem Wasser, um den Schaden zu begutachten. Mir brach es das Herz, als ich sie auf den Stapeln liegen sah. Sie wirkte mitleiderregend ohne ihr Ruder, wie ein Vogel ohne Flügel.

Am nächsten Morgen war ich sehr früh wieder da und folgte dem Werftzimmermann OSCAR BOEHME auf dem Fuß, während er seinen Pflichten nachging. Ich hoffte, ihn mit dieser Taktik von der Arbeit, die er sich vorgenommen hatte, ablenken und zu der Arbeit hinführen zu können, die ich von ihm haben wollte. Aber Oscar – ein kleiner, gebeugter Mann, der beim Gehen den Kopf vor die Schultern schob und weder nach links noch nach rechts schaute – war ein seltsamer Mensch. Er tat das, wonach ihm der Sinn stand, und nicht ich gewann ihn für mein Ansinnen, sondern er zog mich in seinen Arbeitsplan hinein. Er baute ganz hinten in einem Schuppen eine Slup, halb so groß wie meine, und als ich an dem Morgen zu ihm trat, behandelte er gerade Planken in einer langen Kiste mit Dampf und bog sie, wie er sie brauchte. Er befestigte eine nach der anderen auf den Spanten, einem festen Eichengerippe, bis sämtliche Spanten beplankt waren und das Auge keine andere Wahl hatte, als der eleganten Linie des Rumpfs zu folgen.

Ich schaute Oscar den ganzen Tag bei der Arbeit zu, aber er erwähnte mein Ruder mit keinem Wort. Als ich am folgenden Morgen wiederkam, war er immer noch in dem Schuppen – doch er arbeitete nicht an seinem Boot. Er hatte eine Schablone von meinem Ruder angefertigt und schnitt nun Zedernbretter auf einer Bandsäge zu, der einzigen Werkzeugmaschine, die ihm zur Verfügung stand, offensichtlich auch die einzige, die er brauchte. Sie war eine ziemlich behelfsmäßige Vorrichtung, funktionierte mit Hilfe von Riemen, die über obenliegende Scheiben liefen, und diese wurden von einem Motor angetrieben, der sich außerhalb des Schuppens befand. Wollte Oscar den Motor an- oder abschalten, mußte er um die Seite des Gebäudes herumgehen und den Schalter betätigen.

Ich habe keine Ahnung, was ein »Rationalisator« unserer Tage zu dieser Anlage sagen würde. Vermutlich würde er versuchen, den Zimmermann in ein strafferes Schema einzugliedern, den Weg zwischen seiner Bandsäge und ihrem Schalter für ihn »leichter, einfacher und schneller« machen. Ich habe jedoch das ungute Gefühl, daß er einen Fehler beginge. Möglicherweise brauchte Oscar seine kleinen Wanderungen; möglicherweise profitierte er sogar davon; möglicherweise gaben sie ihm die Gelegenheit, über das nachzudenken, was er tat – und möglicherweise schlugen sich diese Perioden der Überlegung dann in der Qualität seiner Arbeit nieder.

Oscar summte ständig geistesabwesend vor sich hin. Ich versuchte die Melodien zu erkennen, aber es waren zweifellos nicht jene, die ich in der Hitparade hörte. Ich fragte Simmy nach Oscars »Liedern«, und er sagte, es seien Lobgesänge. Er riet mir, Oscar nicht danach zu fragen – wenn ich nicht eine Predigt darüber hören wolle, wie ich meine Seele retten könne. Ich befolgte seinen Rat und mied das Thema, doch je länger ich Oscar beobachtete, desto sicherer war ich, daß er seine tiefsten Überzeugungen nicht stimmlich ausdrückte, sondern daß sie den geschickten Fingern seiner Hände innewohnten.

Von Zeit zu Zeit schaute RAY MUNCEY, der weißhaarige Werftbesitzer, in den Schuppen herein. Er stand dann nur so da und sah Oscar zu, wobei er die Finger an seiner Körperseite ruckartig bewegte. Kontrollieren wollte er seinen Arbeitnehmer offenbar nicht; sicher ist, daß er ihn nie drängte, schneller zu machen, und nie fragte, warum er so lange brauche. Nach ein paar Minuten ging Muncey genauso plötzlich wieder, wie er erschienen war, ohne ein Wort gesagt zu haben.

Bis zum Mittag war mein neues Ruder schön geschmirgelt und am Ruderstock befestigt. Ich kroch unter den Rumpf und trug eine Schicht kupferne Holzschutzfarbe auf. Als ich fertig war, ging Simmy an die Winsch, und meine Slup rutschte die Stapelblöcke hinab, sie gewann Geschwindigkeit, bis sie wieder flott war, dann glitt sie dahin wie ein Wasservogel. Ich zog sie mit einem Bootshaken an einen Anlegepfosten, heißte die Segel und kreuzte geschickt über den Kanal. Doch als ich mich dem Damm auf der anderen Seite näherte, bekam ich plötzlich Angst. Angenommen, mein Ruder löste sich wieder? Wenn ich nicht wenden konnte, krachte ich mit dem Steven in die Mole!

Ich schob die Pinne auf das Segel zu, die Slup reagierte sofort, drehte behutsam in den Wind, durch den Wind, fing ihn auf der anderen Seite ein und nahm Fahrt in die neue Richtung auf. Ein paar Schläge mehr, und ich hatte den Wellenbrecher hinter mir. Ich bin frei, dachte ich, frei wie der Wind! Ein erregendes Gefühl für jemanden, dessen Slup in den letzten drei Tagen auf dem Werftgelände gelegen war. Es stand mir frei, die Zivilisation mit all ihren Einschränkungen hinter mir zu lassen, und das war ein starkes Lockmittel für Jungen wie mich, die im langen Schatten von TOM SAWYER und HUCKLEBERRY FINN heranwuchsen.

Doch kaum hatte ich offenes Wasser erreicht, befand ich mich in einem vertrauten Dilemma: Die geliebte Freiheit war mit einer Bedingung verknüpft. Ich mußte entscheiden, wohin ich segeln wollte. Ich konnte zu einer der Inseln in der Bucht fahren, zu den Badeanlagen auf dem Strandwall oder zu meinem Anlegepfosten im Kanal. Mich zog es jedoch zu keinem dieser Orte. Dort draußen im Wind gab es eine Stelle, die mich zu sich rief, und erst als das Land weit hinter meiner Kielwelle lag, wußte ich sicher, wo sie war.

Ich drehte nach Osten und segelte platt vor dem Wind – vorbei am Bayberry Point, Nicoll Point, Timber Point. Ich wartete, bis ich mich vor dem Connetquot River befand, bis ich genau in seine breite Mündung schauen konnte, und dann halste ich absichtlich. Der Baum schlug um, über das Deck und meinen Kopf hinweg, doch diesmal hielt das Ruder. Ich holte meine Segel an und begann die lange Fahrt zurück nach

Hause, nach Westen gegen Wind und Wellen, die mir Gischt ins Gesicht sprühten.

Die Sonne war bereits hinterm Rand des Landes versunken, als ich an meinem Pfosten anlegte und die Segel barg. Ich war naß bis auf die Knochen, und Salz verklebte meine Augenlider, aber mich erfüllte solche Begeisterung, daß ich meine Slup nicht verlassen konnte. Ich blieb lange im Cockpit sitzen, beobachtete den Abendstern, den aufgehenden Mond und dachte darüber nach, welchen Unterschied doch ein Ruder bei der Strecke machte, die ich an diesem Tag gesegelt war.

Ich denke noch heute darüber nach. Mir war das kostbare Geschenk gemacht worden, das Freiheit hieß, und eine Zeitlang hatte ich diese Freiheit fälschlicherweise für den Sinn meines Lebens gehalten. Ich glaubte, weil ich die Freiheit hatte zu segeln, wohin ich wollte, wann ich wollte und ohne jemanden um Erlaubnis bitten zu müssen, besäße ich alles, was ich je brauchte. Eines fand ich dabei heraus: nämlich daß ich wählen können mußte, wenn ich frei sein wollte, wirklich frei. Auf der Windrose gab es viele Punkte; ich mußte die wenigen finden, die für mich bestimmt waren.

Irgendwelche willkürlich ausgesuchten oder zufällig erreichten Ziele zählten nicht dazu. Ich mußte jene Ziele anlaufen, die mich leidenschaftlich zu sich riefen, denn nur sie gaben meinem Leben Sinn. Ich mußte die Warnungen von Freunden ignorieren, den vorsichtigen, die nur erklärten, daß ich nicht tun konnte, was ich gern tun wollte – und warum dem so war. Und hüten mußte ich mich vor den klugen Lügen der Feinde, Eiferer und Despoten, die mich ihrem Willen unterwerfen wollten.

Ich habe einen jungen Freund, einen aufstrebenden Fotografen, der in diesen unruhigen Zeiten eine Ausnahme darstellt. Er trinkt nicht, raucht nicht, experimentierte nie mit Drogen und hat einen klaren Kopf. »Die einzige Freiheit, die ich habe, ist die Freiheit, die ich mir selbst nehme«, sagte er eines Tages zu mir. Die Kühnheit dieser Aussage raubte mir fast den Atem. Und wie nimmt er sich seine Freiheit? Indem er den Sinn seines Lebens, nämlich seine Kamera und sein Stativ, überallhin mitnimmt.

Was er praktiziert, ist nichts Geringeres als Revolution – die Revolution eines einzelnen. Würden jeder Mann und jede Frau den Sinn ihres Lebens erfassen und ihm voll Leidenschaft nachgehen, würden sie die gesellschaftliche Landschaft über Nacht verändern. Tatsächlich werden Revolutionen, die von Dauer sind, so vollzogen: nicht mittels des hochgereckten Arms der Massen, nicht mittels militärischer Machtergreifung, nicht mittels des politischen Staatsstreichs, sondern durch einzelne Menschen, die für das eintreten, was sie sind, einer nach dem anderen.

Ich weiß heute, daß ich als Junge in mancher Hinsicht aus der Art geschlagen war, und das würde ich, selbst wenn ich könnte, nicht leugnen. Doch mehrere Erwachsene, von denen keiner segelte, beunruhigte meine Weigerung, mich ans Land fesseln zu lassen. Bei irgendeiner Gelegenheit sagte ein guter Freund meines Onkels zu mir: »Du bist ein Glückspilz, Junge. Du kannst der Wirklichkeit entfliehen, wann immer du willst. Brauchst bloß in dein Boot steigen und davonsegeln.«

Seine Worte ärgerten mich damals, ohne daß ich gewußt hätte, warum. Heute weiß ich es. Mich reizte die gedankenlose Annahme, Segeln sei ein kindisches Spiel, ein Weg, vor der Welt davonzulaufen. Doch die Törns in der Great South Bay waren für mich genausowenig eine Flucht, wie es die sagenhaften Fahrten auf dem Mississippi für Huck und Tom waren. Ich fand dort draußen eine höhere Autorität, eine mächtigere Regierung als jene an Land, ein Parlament der Winde, einen Kongreß der Tiden, und ich wußte, daß ich mich mit diesen Naturkräften verbünden mußte, wollte ich überleben. Ein Junge, der lernt, ein Bruder der Elemente zu sein, wird sich ihnen kaum entfremden, wenn er zum Mann heranwächst.

Von Zeit zu Zeit kehre ich nach Bay Shore zurück – um mich an die Vergangenheit zu erinnern und zu schauen, wie sehr sich die Stadt verändert hat. Munceys Werft ist längst verschwunden, genau wie Muncey selbst und die Männer, die für ihn arbeiteten. Als ich das letztemal zum Ende der Ocean Avenue hinabfuhr, wurde gerade der Schuppen abgerissen, in dem Oscar mein neues Ruder angefertigt hatte, und an seine Stelle kam ein geteerter Parkplatz. Das Grundstück wurde, wie die neuen Eigentümer bestimmt sagen würden, seinem »größten Nutzen« zugeführt – womit sie die am meisten gewinnbringende Verwendung meinen. Doch ich möchte ihre Behauptung in Frage stellen, denn für mich steht Munceys Werft noch immer als Modell dafür da, wie ein Arbeitsplatz sein sollte.

Hier herrschte eine freie, zwanglose Atmosphäre; die Beschäftigten wußten, was sie zu tun hatten, und sie taten es, ohne daß ihr Chef sie ständig sanft antreiben mußte. Es gab keine Stechuhren. Ich vermute, wenn Muncey sie eingeführt hätte, dann hätte Simmy sie nicht benutzt, und Oscar hätte sein Werkzeug zusammengepackt und wäre anderswohin gegangen. Die beiden arbeiteten nicht in einem fensterlosen Büro, das ausschaute wie alle anderen Büros an einem tristen Korridor. Tatsächlich hatten sie gar keines. Sie arbeiteten im Freien, unter dem Himmel, mit unbehinderter Sicht auf die Boote, die auf dem angrenzenden Salzwasser-Creek verkehrten.

Simmy und Oscar und der alte Herr Muncey – sie verdienten nicht viel Geld und hinterließen kein großes Erbe, aber sie nahmen ihr Recht auf Leben wahr; ich glaube aufrichtig, daß sie es taten. Und indem sie es taten, ermöglichten sie anderen, ebenfalls ihr Recht zum Leben wahrzunehmen. Das ist zumindest mein Eindruck, wenn ich auf dem geteerten Parkplatz stehe, auf dem sich einst eine bestens funktionierende Werft befand. Am lebendigsten blieb mir im Gedächtnis, daß ich eines längst vergangenen Tages mein Ruder verlor und daß ich es von einem großartigen Handwerker wiederbekam – und seither gebe ich mir größte Mühe, es nicht mehr zu verlieren.

16
Ein Boot ist eine Sie – ein Boot ist ein Er

Es gab da ein Mädchen mit drahtigem Körper und windzerzaustem Haar. Sie segelte eine kleine Jacht vom Typ Cape Cod, und als ich sie das erste Mal sah, kreuzte sie mit ihrem jüngeren Bruder als Mannschaft geschickt aus dem Kanal. Sie hatte eine kehlige Stimme, und ich konnte ihre Kommandos deutlich übers Wasser hören – »Klar zum Wenden! Ree!« –, ebenso ihren tiefen Freudenruf, jedesmal wenn ihr Boot durch den Wind ging, krängte und Kurs in die neue Richtung nahm.

Meine Slup war ein bißchen größer und schneller als ihre. Eines windigen Morgens folgte ich ihr aus dem Kanal hinaus, schloß mit jedem Schlag die Lücke zwischen uns ein bißchen mehr. Als wir offenes Wasser erreichten, überholte ich sie auf der Luvseite und stahl ihr so buchstäblich den Wind aus den Segeln. Ihr Boot verlor Fahrt, schwankte hin und her; einen Moment lang dachte ich, es würde kentern. Als sie es endlich wieder unter Kontrolle hatte, richtete sie sich neben der Pinne zu ihrer ganzen Größe auf, schwenkte die Faust in meine Richtung und ließ einen Fluch los. »Du Hurensohn«, rief sie, »dafür bezahlst du, ich krieg' dich, das schwör' ich dir!«

Ich war verblüfft über meine Kühnheit, aber ihre Reaktion schockierte mich regelrecht. Sie ist kein Mädchen, sie ist ein Junge, sagte ich mir. Nur ein Junge würde fluchen und mir so mit der Faust drohen! Im gleichen Augenblick schoß mir ein anderer, noch viel beunruhigenderer Gedanke durch den Kopf. Wenn sie ein Junge ist, dann ist sie genau wie ich: Sie hat die gleichen Sehnsüchte und die gleichen Ängste wie ich. Aber sie war kein Junge, sondern ein Mädchen, und der Sirenenklang ihrer Stimme folgte mir über die Bucht.

Als ich später, am Nachmittag, in den Kanal zurückkam, sah ich ihr Boot am Liegepfosten. Ich segelte frech hin und drehte in den Wind. Das Mädchen war allein, kniete auf dem Vordeck und schoß die Leinen auf.

»Tut mir leid – das von vorhin«, sagte ich.

»Sollte es auch«, entgegnete sie.

»Was kann ich tun, um es wiedergutzumachen?« Sie ging in Hockstellung, schwieg einen Augenblick und antwortete dann: »Du kannst mich auf einen Törn mitnehmen in deinem schönen Boot da – das kannst du tun!«

Ihre Antwort brachte mich aus der Fassung. Ich hatte keine Ahnung, daß es so leicht war: daß ich mit einer Angehörigen des anderen Geschlechts nur ein höfliches Gespräch anfangen mußte und sie sich gleich – bevor ich recht wußte, wie – zum Segeln auf meine Slup einladen würde.

»Okay«, sagte ich. »Abgemacht.«

Sie stieg leichtfüßig vom Bug ihres Bootes auf den Bug des meinen – ich spürte kaum die Gewichtsveränderung – und brachte geschickt die Fock wieder an den Wind. Im nächsten Moment fuhren wir den Kanal hinaus, auf die Bucht zu, und sie saß neben mir auf der luvseitigen Bordwand. Wie sich herausstellte, hieß sie Sally, war eine vorzügliche Seglerin und hatte keine Hemmungen, sich durchzusetzen.

»Er läßt sich prima manövrieren«, sagte sie. »Läßt du mich ihn segeln?«

»Waas?« fragte ich, nicht sicher, richtig gehört zu haben.

»Er ist ein schönes Boot. Ich würde ihn gern segeln.«

»Du meinst, du würdest sie gern segeln«, erwiderte ich. »Ein Boot ist eine Sie.«

»Du bist ein Junge«, erklärte sie, »darum ist ein Boot für dich eine Sie. Aber ich bin ein Mädchen, also ist ein Boot ein Er für mich.«

Während ich den Platz mit ihr tauschte, fragte ich mich, wo ich da hineingeraten sei. Ich kannte dieses Mädchen kaum zehn Minuten, und schon stellte sie die natürliche Ordnung meiner kleinen Welt auf den Kopf. Ein Boot ist ein Mädchen, das hatte mir Simmy gesagt, das hatte mir der Kapitän gesagt, das hatte mir jeder Seemann gesagt, dem ich je begegnet war. Und jetzt versuchte nur dieses Wesen, das eine andere Meinung vertrat, plötzlich weiszumachen, ein Boot sei ein Junge.

Am meisten von allem überraschte mich, daß Sally meine Slup genauso segelte wie ich, mit dem gleichen Gespür. Sie kannte den Wind und befolgte seine Gebote, luvte an, wenn er zunahm, und fierte, sobald das Großsegel zu killen begann, luvte dann erneut an. Das Ganze war mir ein Rätsel; ich hatte das Gefühl, auf ein Mädchen gestoßen zu sein, das Bälle wie ein Junge warf. Weil wir verschiedenen Geschlechtern angehörten, hatte ich angenommen, wir würden unterschiedlich auf den Wind und die Wellen reagieren.

Sally und ich segelten in diesem Sommer oft zusammen, aber eines schaffte ich nicht, so beharrlich ich es auch versuchte: Sally zu bewegen, ein Boot als eine Sie zu bezeichnen.

»Er hat es nötig, daß man die Muscheln von seinem Boden abkratzt«, sagte Sally.

»Nein, hat sie nicht«, entgegnete ich. »Ihr Boden ist sauber.«

»Er würde wesentlich schneller segeln.«

»Nein, würde sie nicht. Sie segelt prima.«

Eines Nachmittags, als wir bei einem frischen Südwest von achtern ziemlich spät nach Hause rauschten, platzte sie in ihrer unwiderstehlichen Art heraus: »Laß uns mit ihm eine Regatta segeln.«

»Ich mag keine Regatten«, entgegnete ich.

»Nur einmal«, drängte sie. »Ich wette, wir können gewinnen.« Sie erklärte, daß ein örtlicher Jachtclub ein Handicap-Rennen sponserte, das Booten aller Klassen, Formen und Größen offenstand.

»Wer wäre der Skipper?« fragte ich. Nach meiner Meinung wollte sie nicht Mannschaft für mich machen, und ich würde es ganz bestimmt nicht für sie tun – ich hatte gehört, wie sie ihren Bruder herumkommandierte. Aber sie wußte auch für diese Frage eine Lösung.

»Wir müssen den Kurs zweimal fahren«, sagte sie. »Du segelst sie auf der ersten Runde, und ich segle ihn auf der zweiten. Begreifst du denn nicht – auf diese Weise können wir gar nicht verlieren.«

Ihre Begeisterung war ansteckend, also willigte ich ein. Ich sagte zu nur, dieses eine Mal werde ich ein Rennen fahren und dann nie mehr.

Wir liefen an den stürmischsten Tagen aus und

übten Wenden und Halsen. Ich kümmerte mich um die Schoten, während sie an der Pinne stand, dann tauschten wir die Plätze. Eines Tages brachte ich einen alten Spinnaker mit an Bord, den ich nie benutzt hatte, und wir setzten ihn für einen Schlag vor dem Wind. Er zog mich über Bord. Sally drehte bei und fischte mich heraus, dann versuchten wir es erneut, wir machten Wenden, bis wir diesen riesigen Ballon von einem Segel heißen und niederholen konnten, ohne baden zu gehen.

Am Tag der Regatta liefen wir früh aus und fuhren zu dem Boot des Veranstaltungskomitees, das eine Meile vor der Küste lag und über die Toppen geflaggt hatte. Ich hatte noch nie so viele Segel an einem Ort schwanken und dahingleiten sehen, die zur gleichen Zeit miteinander um den gleichen Wind kämpften. Ein Schuß erklang, bei dem wir beide zusammenschreckten. Fünf Sekunden später überquerten wir die Startlinie nicht gerade in der besten Position, aber auch nicht in der schlechtesten.

Die meisten Boote versuchten ihr Glück auf der Luvseite der Startlinie, dem idealen Platz. Wir jedoch mieden den dichten Verkehr dort und kreuzten mehr nach Lee, wo der Wind freie Bahn hatte. Damit gingen wir ein kalkuliertes Risiko ein; wir legten auf dem Kurs eine etwas längere Strecke zurück, aber im Gegensatz zu den anderen Booten, die sich auf engem Raum drängten, sich gegenseitig den Wind abblockten und einander auszuweichen versuchten, fuhren wir von dem Moment an, als wir die Startlinie berührten, mit Höchstgeschwindigkeit.

Ich setzte mich auf der Leeseite der Slup nach unten, wie der Kapitän es mich gelehrt hatte, und führte die über meiner Schulter liegende Pinne behutsam zwischen Zeigefinger und Daumen. Die anderen Boote sah ich auf diesem ersten Schlag gegen den Wind nicht; ich merkte auch nicht, wie die Zeit verging. Ab und zu sagte mir Sally, wir würden »aufholen, aufholen«, doch das war mir gleichgültig. Mich versetzte nicht die Wettfahrt in Begeisterung, sondern die mystische Verbindung zwischen mir und der Slup, während wir das Wasser durchpflügten. Ich segelte jetzt mit einem Gefühl anmutiger Eleganz, wie ich es noch nie erlebt hatte.

Als wir die drei Schläge des Dreieckkurses vollendet hatten, übergab ich die Ruderpinne an Sally und blickte zum erstenmal übers Wasser. Die größeren, schnelleren Slups waren ziemlich weit vor uns und die kleineren, langsameren ziemlich weit hinter uns, doch das hatte keine Bedeutung, denn die Slup, die als erste über die Ziellinie fuhr, war nicht unbedingt die Siegerin. Wir kämpften nicht gegen alle anderen Boote; wir kämpften gegen die Uhr – mit anderen Worten: gegen uns selbst.

Sally segelte die drei Schläge genau wie zuvor ich, holte aus dem auffrischenden Wind das Beste heraus, luvte an, fierte, luvte wieder an, opferte nie wertvolle Schwungkraft, war sich stets der Schiffsgeschwindigkeit bewußt. Während sie voll Geschick die Slup steuerte, hatte ich das Gefühl, wir seien durch unser gemeinsames Ziel verbunden, teilten im gleichen kostbaren Moment den gleichen Platz. Das verhängnisvolle war nur, daß ich wegen meiner Jugend nicht wissen konnte, wie weit ich würde segeln müssen, bevor ich wieder eine solche Partnerschaft fand.

Wir fuhren spazieren, bis das letzte Boot die Ziellinie überquerte, dann machten wir beim Jachtclub fest und gingen mit den anderen Seglern herum, während wir darauf warteten, daß das Rennkomitee die Ergebnisse bekanntgab. Sally war aufgeregt, ich ebenfalls, auch wenn ich so tat, als sei mir die Sache gleichgültig. »Ich glaube, wir waren gut«, sagte sie immer wieder, »ich glaube, wir waren wirklich gut.« Und ich zuckte immer wieder die Schultern und sagte: »Ich weiß es nicht. Wir müssen abwarten, oder? Wir müssen abwarten.«

Endlich erschien der Präsident des Jachtclubs. Er hatte eine Phantasiemütze mit Goldborte auf, trug einen marineblauen Blazer mit Messingknöpfen und Ehrenzeichen, dazu eine weiße Segeltuchhose. In der einen Hand hielt er ein Blatt Papier, in der anderen ein Megaphon. Er begann die Namen der Boote mit der besten ermittelten Zeit zu verlesen. Wir waren nicht Erste; diese Ehre wurde einer schnellen Rennslup der R-Klasse zuteil, die bei der Regatta bereits mehrere Jahre hintereinander gesiegt hatte. Und wir waren nicht Zweite; eine arrogante Narrasketuck, die um den Kurs geflogen sein mußte, holte sich diese Auszeichnung ab. Wir wollten schon jede Hoffnung aufgeben, als die Megaphonstimme verkündete, daß wir Dritte geworden waren.

Nicht der Preis, den wir gewinnen wollten, aber doch recht gut; tatsächlich war er viel besser als recht gut. Sally und ich umarmten einander und tanzten auf dem Kai umher. Wir waren aus dem Nichts gekommen, zwei Neulinge in einer blauen Slup. Von den dreißig oder mehr Booten, die an der Regatta teilnahmen, hatten wir bis auf zwei alle ausgesegelt.

Im Siegesrausch war es schwer, sich damit zu befassen, warum wir so gut abgeschnitten hatten – oder überhaupt daran zu denken. Ich glaube jedoch, die Antwort liegt weniger in der praktischen Seemannskunst als in dem Geben und Nehmen zwischen einem Jungen und einem Mädchen. Zwischen uns bestand eine seltsame Beziehung, eine, die mit Respektlosigkeit begonnen hatte. Ich hatte Sally den Wind weggenommen; sie hatte mich mit einem üblen Schimpfnamen bedacht; und auf diesem unsicheren Boden war eine Freundschaft gewachsen.

Im Grunde war es die Slup selbst, die uns gelehrt hatte, wie wir uns verhalten mußten. Durch das gemeinsame Segeln hatte jeder von uns Dinge über den anderen erfahren, die zuvor keinem bewußt gewesen waren. Als unerfahrener Segler hatte ich versucht, die Slup zu beherrschen, sie hierhin und dorthin zu lenken, sie meinem Willen zu unterwerfen. Doch sie hatte mir schnell beigebracht, daß es einige Dinge gab, die sie machte, und andere, die sie nicht machte, und daß ich, wenn ich das Vergnügen ihrer Gesellschaft genießen wollte, besser lernte, den Unterschied zwischen dem einen und dem anderen zu beachten.

Welche Lektionen Sally lernte, kann ich nicht genau sagen. Ich vermute jedoch, daß sie in den vielen Nebenbedeutungen des Fürworts *er* zu finden sind. Vielleicht war eine Slup für sie ein starker Rumpf, der durch die wogende See vorwärtsdrängte – oder eine kunstvolle Maschine, die den Wind für sich arbeiten ließ. Falls das zutraf, hatte sie gelernt, diese Eigenarten nicht zu verdammen, sondern sie zu schätzen.

Ich war damals zu unschuldig, um es zu wissen, aber heute weiß ich es: Ein Boot ist ein Zwitterwesen, halb männlich, halb weiblich. Es besitzt die Tugenden jedes Geschlechts und verschmelzt sie in einer Weise, daß man unmöglich sagen kann, welche der Frau und welche dem Mann zugehören. Was ich aus meiner Slup herauslas, herausholte, war nicht ihre Maskulinität, sondern ihre Weiblichkeit; was Sally herausholte, war nicht ihre Femininität, sondern ihre Männlichkeit.

Die Welt kämpft mit diesem verborgenen Wissen und weigert sich, anzuerkennen, daß Männer auch Frauen und Frauen auch Männer sind. Deshalb stereotypieren wir einander und schließlich auch uns selbst. Problematisch wird es, wenn der Mann die Frau in sich drohend anblickt und die Frau über ihren inneren Mann hinwegstampft. Ich glaube, Sally und ich hatten Glück; für einen kurzen Moment segelten wir aus unseren konventionellen Identitäten heraus, und das machte uns zu viel großartigeren Wettkämpfern, als wir gewesen wären, hätten wir schlicht als Junge und als Mädchen teilgenommen.

Ich hielt Wort; ich fuhr nie mehr eine Regatta, aber ich gestehe, daß ich nachts oft wachliege und an den Tag zurückdenke, an dem Sally und ich uns bei einem Dreieckkurs abwechselten und als Dritte ins Ziel kamen. Der Wind ist anfangs leicht, aber während die Sonne am Himmel hochsteigt und das Land erwärmt, frischt er stetig auf. Wir gleiten mit der Thermik eines Sommertags dahin, beziehen unsere Stärke aus der Doppelnatur der Slup, die wir segeln.

Ich würde gern sagen, daß sich zwischen Sally und mir etwas Romantisches abspielte, aber das wäre gelogen. Wir waren Freunde, sahen uns zusammen ein paar Filme an und besuchten eine Tanzveranstaltung der Schule. Doch im Winter zog sie mit ihrer Familie in eine andere Stadt. Wir schrieben uns eine Zeitlang, und dann, vor langem, ging jeder seiner eigenen Wege. Ich würde Sally allerdings gern irgendwann wiedersehen, und sei es nur, um ihr nach all diesen Jahren zu sagen, ich wüßte, daß sie recht hatte. Ein Boot kann eine Sie sein, und ein Boot kann ein Er sein. Nur eines kann ein Boot nicht sein: ein Es.

17

Wahrer und scheinbarer Wind

»Welcher Unterschied besteht zwischen wahrem Wind und scheinbarem Wind?« fragte mich eines Tages ein sogenannter Freund namens CARLTON OLDFIELD. Es ging ihm nicht um eine Auskunft, er kannte die Antwort bereits. Er versuchte mich zu verblüffen, und das gelang ihm auch. »Weiß ich nicht«, antwortete ich, worauf er anfing, es mir zu erklären – mit genauen Einzelheiten über schwerverständliche Themen wie die Bernoulli-Gleichung und die Theorie des Fliegens. Er besaß kein Boot; soviel ich weiß, hatte er nie im Leben das feste Land verlassen, aber er ging Segeltexte durch, die er sich in der Staatsbibliothek holte, und dann kam er mit seinem Wissen zu mir. »Was ist bei einem Segel der Unterschied zwischen Vorliek und Unterliek?« fragte er.

Ich wußte, daß das eine die Innenkante war, die am Mast entlanglief, und das andere die Kante, die in dem Dreieck die Hypotenuse bildete, aber ich konnte mir einfach nicht merken, was welches war.

»Carlton«, entgegnete ich, »ich weiß es nicht…« Eigentlich wollte ich hinzufügen, daß es mir egal sei, doch er begann so schnell mit seiner Erklärung, daß ich nicht dazu kam.

»Sag mir«, forderte er mich ein anderes Mal, »welches ist der beste Winkel, in dem ein Mast geneigt sein soll?«

»Ich mache mir keine Gedanken über den Neigungswinkel meines Masts«, antwortete ich, ohne zu versuchen, meinen Unmut zu verbergen.

»Du solltest den Neigungswinkel deines Masts analysieren«, sagte er. »Du könntest bis zu einem Grad nach Luv gewinnen, wenn der Winkel etwas mehr in Richtung des Hecks geht.«

Nach dieser Begegnung versuchte ich Carlton zu meiden, aber er schaffte es immer, mich aufzuspüren. Ging ich zu meiner Slup, um die Segel zu setzen, hockte er auf dem Damm, ließ die Beine über die Kante baumeln und wartete auf mich. Er wollte, daß ich ihn zu einer Segelfahrt einlud, das wußte ich, doch ich tat es nie. Ich legte ab und ließ ihn mit unglücklichem Gesicht am Ufer zurück.

Eines Morgens hielt er mich auf, bevor ich in mein Boot steigen konnte.

»Errätst du, was ich habe?«

»Kann ich mir nicht denken«, antwortete ich.

»Ich habe ein Boot bekommen.«

Die Neuigkeit überraschte mich. Ich war der festen Meinung gewesen, Carlton wolle Boote studieren, aber nicht segeln.

»Was für einen Typ?« fragte ich.

»Eine Fiberglasjolle.«

Fiberglasboote waren neu auf dem Markt. Ich hatte nie eines gesegelt, besaß aber trotzdem ein eingewurzeltes Vorurteil gegen sie. Schon der Gedanke, ein Boot zu bauen, indem man Glasfasern in Kunststoff einbettete, kam mir unnatürlich vor. Boote sollten aus Holz bestehen.

Carlton sah mich erwartungsvoll an. Er wollte zweifellos, daß ich seine Neuigkeit mit Begeisterung aufnahm. Als ich es nicht tat, fragte er: »Was ist einzuwenden gegen Fiberglas? Mein Vater sagt, Boote aus Fiberglas werden noch herumfahren, nachdem hölzerne längst verfault sind.«

Wie sollte ich gegen seinen Vater argumentieren? Nach allem, was ich wußte, hatte er wahrscheinlich recht; ein schrecklicher Gedanke – doch vielleicht war der Holzrumpf tatsächlich zum Untergang verurteilt.

»Wann hast du das Boot bekommen?« fragte ich.

»Vor drei Wochen.«

»Und wie segelt es sich?«

Nach einigem Zögern antwortete er: »Ich weiß es nicht. Ich habe es noch nicht gesegelt.«

»Du meinst, du hast dieses Fiberglasboot schon drei Wochen und bist noch nicht damit gesegelt!?«

»Mein Vater sagt, ich muß mir jemanden suchen, der mit mir rausfährt. Jemanden mit Erfahrung.«

Ich dachte nicht daran, mich freiwillig anzubieten. Wenn Carlton wollte, daß ich ihm zeigte, wie er sein Boot segeln mußte, dann sollte er mich gefälligst darum bitten. Aber ich fühlte mich bestätigt. Da stand dieser Alleswisser, der behauptete, ein Segler zu sein, und kam ohne meine Hilfe nicht aus dem Hafen.

»Ich dachte – du würdest vielleicht mit mir rausfahren.«

Er war eine Pest, eine wirkliche Pest, und ich wartete lange mit der Antwort, obwohl ich wußte, daß ich einwilligen würde. Zum einen war ich neugierig auf sein Fiberglasboot und wollte selbst feststellen, wie es sich segelte, vor allem aber wollte ich mich an Carlton rächen, mich ihm gegenüber als Herr aufspielen, wie er es mir gegenüber getan hatte.

»In Ordnung«, sagte ich. »Aber nicht heute.«

»Wann?«

»Morgen.«

»Gut. Mein Chauffeur wird dich um zehn abholen.«

Mein Chauffeur wird dich zum zehn abholen! Ich begriff nicht ganz, was er da gesagt hatte, der Satz kreiste mir im Kopf herum. *Mein Chauffeur wird dich um zehn abholen!* Was zum Teufel meinte er damit? Erst als am nächsten Morgen ein langer schwarzer Cadillac vor unserem Haus hielt, verstand ich wirklich. Er meinte tatsächlich, daß mich sein Chauffeur um zehn abholen würde.

Carlton saß auf dem Rücksitz und schaute so trübselig drein wie damals, als ich wegsegelte und ihn auf der Mole stehenließ. Ich wußte, daß er reich war, aber nicht, wie reich, bis wir in eine lange, mit blauem Tonsandstein belegte Einfahrt einbogen, die zu einem imponierenden Landhaus im Tudorstil führte, von dem aus man die Bucht überblickte. Das Gebäude ließ eher an eine Festung als an ein Wohnhaus denken, und mir wurde mit einem Schock bewußt, daß ich oft daran vorbeigesegelt war und mich gefragt hatte, was für Menschen wohl dort wohnten.

Der Chauffeur setzte uns an der Rückseite des Anwesens ab, das an einen tief ausgebaggerten Salzwasser-Creek grenzte. Mein Blick fiel als erstes auf einen Kabinenkreuzer, mindestens dreizehn Meter lang, der neben dem Damm festgemacht war und auf dem ein uniformierter Kapitän die Messingteile polierte. Fünf oder sechs Erwachsene saßen im Cockpit an einem Tisch, redeten, lachten und spielten Karten.

»Ist das dein Boot?« fragte ich und meinte damit: Gehört dieses Boot deiner Familie?

»O nein«, antwortete er, »das gehört meinem Vater.«

»Und wo ist deines?«

»Da drüben«, sagte er und deutete auf ein Bootshaus.

Großartig, dachte ich. Ein Boot in ein Haus zu stellen, ergab für mich etwa soviel Sinn, als stecke man einen Hund in einen Pullover.

Ich zog die Jolle aus dem Schuppen und machte sie an einer Klampe am Ende des Anlegestegs fest, drehte sie in den Wind und betrachtete lange ihre in einem Stück gefertigte Kunststoffschale. Sie war knapp drei Meter lang und hatte überraschend schöne Linien; doch abgesehen davon, daß sie statt eines Kiels ein Mittelschwert hatte, konnte ich schwer abschätzen, wie sie sich unter Segel von meinem Boot unterscheiden würde.

Ich ließ die Segel aus ihrem Leinwandsack rutschen und wies Carlton an, die Fock am Vorstag zu befestigen, während ich das Großsegel am Baum und am Mast festschäkelte.

Als ich fertig war, blickte ich zu der Jacht hinüber. Ich sah einen großen, schlanken Mann an Land steigen und über den kurzgeschorenen Rasen auf uns zukommen, ein Cocktailglas in der Hand. Er bewegte sich langsam, bedächtig, als wisse er genau, wohin er gehe, und als habe er keine sonderliche Eile, dort einzutreffen.

Als er näher kam, konnte ich sehen, daß er ein blaues Seidenhemd trug, straff in eine weiße Leinenhose gesteckt, und daß er sein graues Haar penibel hinter die Ohren gekämmt hatte. Seine Haut wirkte genauso glatt wie sein Hemd, doch seine Augen waren hohl. Erst als er den Damm erreichte, bemerkte Carlton den Mann – und ihn erfaßte sofort Verwirrung.

»Oh – das ist mein Vater«, sagte er, dann deutete er auf mich und fügte hinzu: »Und das ist ...« Er war so durcheinander, daß ihm mein Name nicht einfiel. Doch das machte nichts, denn offensichtlich wollte ihn sein Vater gar nicht wissen.

Er schaute nur auf mich herab, ohne mich zu sehen, und sagte: »Carlton und ich freuen uns sehr, daß du eingewilligt hast, ihm das Segeln beizubringen.« Bevor ich auch nur zu einer Antwort ansetzen konnte, machte er kehrt und ging mit dem gleichen bedächtigen Schritt zu seiner Jacht zurück. Noch nie hatte ein Erwachsener so mit mir geredet. Ich war gescholten worden, man hatte mich beglückwünscht, gewarnt und gelobt, niemals aber mit mir gesprochen, als sei ich gar nicht da.

Ich war peinlich berührt, nicht meinetwegen, sondern wegen Carlton. Als ich mich zu ihm umdrehte, sah ich, daß seine Wangen glühten und daß er mit dem Fockfall herumfummelte, es oben am Vorsegel zu befestigen versuchte. Eine einfache Aufgabe, aber vor Erregung schaffte er sie nicht. Sein Vater hatte eine gepflegte Ausdrucksweise, doch was er wollte, war klar: seinen Sohn vor dessen Freund heruntermachen – und das war ihm ohne sonderliche Anstrengung gelungen.

Ein paar Minuten später hörte ich die Doppelschrauben dröhnen, die seine Jacht antrieben. Ich sah, wie der Kapitän die Bugleine einholte, das Boot auf der Creek-Mitte geschickt um seine Achse drehte und in Richtung Bucht losfuhr. Er jagte den Motor hoch, eine riesige Kielwelle entstand, und wir mußten uns gegen den Steg stemmen, so fest wir konnten, um zu verhindern, daß die Jolle dagegenkrachte. Als das Motorboot vorbeifuhr, sah ich Carltons Vater im Cockpit auf einem Plüschkissen liegen, das Gesicht der Sonne zugewandt.

Eigentlich hätte diese Begegnung mit dem Vater mich milder stimmen müssen gegenüber dem Sohn, doch das tat sie nicht – vor allem weil Carlton nun noch arroganter wurde als zuvor. Er bestand darauf, das Steuer zu übernehmen und aus dem Creek zu kreuzen, während ich die Fockschoten anholte; er stellte sich jedoch so ungeschickt an und verlor jedesmal Geschwindigkeit, wenn wir wendeten, daß er schließlich einwilligte, mir das Ruder zu übergeben. Während wir in Richtung Bucht kreuzten, versuchte ich ihm zu erklären, wann er die Fock auf der einen Seite lockerlassen und auf der anderen anholen mußte, doch sein Timing war schlecht; er schien keine Ahnung zu haben, woher der Wind im Verhältnis zu den Segeln kam.

Ich segelte zu einer roten Tonne eine halbe Meile vor der Küste und übergab ihm die Pinne wieder. Das Boot lief ihm ständig aus dem Ruder, er riß die Pinne hin und her, fierte das Großsegel zu weit und holte es dann zu dicht an. Nachdem er Fahrt verloren hatte, rief er aus keinem ersichtlichen Grund: »Klar zum Wenden – Ree!« Dann versuchte er den Bug des Bootes durch den Wind zu bringen. Weil die Jolle keinen Schwung hatte, geriet sie »in Eisen« und driftete nach achtern, worauf er wie verrückt an der Pinne rüttelte, in dem vergeblichen Bemühen, sie wieder in Bewegung zu bekommen.

Nach mehreren solchen Episoden begann ich die

Geduld zu verlieren. »Hol das Großsegel an!«, sagte ich. »Laß das Boot krängen – und wende dann!« Carlton hörte zu gut zu. Er holte das Großsegel an, so dicht es ging, und als wir uns in starker Schräglage befanden, rammte er die Pinne mit aller Kraft über das Cockpit. Die Jolle schoß durch den Wind, kam zum Stillstand und hockte da wie ein Kegel, der gleich von einer Kugel getroffen werden sollte.

»Das Segel fieren! Laß das Segel locker!« rief ich, doch meine Warnung kam zu spät. Der böige Wind traf das straffe Segel mit solcher Kraft, daß das Boot überholte. Das Segel klatschte aufs Wasser; die Jolle versuchte sich aufzurichten wie ein verwundeter Vogel, aber das Gewicht der nassen Leinwand zog sie nieder. Buchtwasser drang übers Deck ins Cockpit, und die Jolle kenterte; der Kiel wurde frei, und der Mast tauchte unter.

Ich kletterte zum Bug vor, war vollkommen trocken, doch Carlton lag im Wasser. Er klammerte sich noch immer ans Großsegel, als sei es eine Rettungsleine, hustete und spuckte, und die Wellen spülten über seinen Kopf.

»Du kannst doch schwimmen, oder? Du kannst doch schwimmen!« rief ich. Es war weniger eine Frage als eine Selbstverteidigung.

»Nein«, antwortete er, und ich dachte: Mein Gott, er wird ertrinken!

Ich kniete mich auf den Schandeckel und schwenkte wild die Arme, in der Hoffnung, die Aufmerksamkeit eines vorbeifahrenden Bootes erregen zu können. Dann sah ich einen Kabinenkreuzer auf uns zuhalten; es war die Jacht von Carltons Vater.

Eine Minute später saßen wir beide an Bord der

Jacht, Carlton in einer Decke, naß bis auf die Haut und bibbernd, während ich es irgendwie geschafft hatte, nicht einmal meine Turnschuhe naß zu machen. Mr. Oldfield lehnte an der Kabine, ein Fernglas baumelte an einem Hals. Ich mußte annehmen, daß er unsere ganze Pannenfahrt aus der Ferne beobachtet hatte.

»Nun denn«, sagte er schließlich, »das überrascht mich nicht; das überrascht mich gar nicht. Vermutlich wirst du dich jetzt zu Tode erkälten.«

»Es war nicht meine Schuld«, platzte Carlton heraus und deutete mit dem Finger anklagend auf mich. »Er hat immer wieder gesagt, hol das Segel dicht, hol das Segel dicht! Hätte er mir nicht ständig befohlen, das Segel dichtzuholen, wären wir nicht gekentert!« Inzwischen jedoch blickte Mr. Oldfield aufs Wasser hinaus, als sei es für ihn nicht statthaft, sich länger mit der Störung zu befassen, die wir verursacht hatten.

Danach gingen Carlton und ich einander aus dem Weg, allerdings sah ich seine Fiberglasjolle oft auf der Bucht. Ich bemerkte, daß er gelernt hatte zu wenden, ohne zu kentern; außerdem aber bemerkte ich, daß die Jacht seines Vaters, wenn er segelte, nie weit weg war. Ich stellte mir Mr. Oldfield als Bild auf seinem Kabinenkreuzer vor, wie er seinen Sohn durch den Feldstecher beobachtete und darauf wartete, daß er etwas falsch machte. Und in einem Spiegelbild dazu bemühte Carlton sich so angestrengt, die Anerkennung seines Vaters zu erringen, daß er nie wirklich segeln lernte.

Die Zeit verging, und es zeigte sich, daß Mr. Oldfields Vorhersage stimmte; auf der Bucht herrschten

Boote mit Fiberglasrumpf vor, während jene mit Holzrumpf verrotteten. Die neueren Boote hatten ihre Vorteile, sie waren leichter, widerstandsfähiger, einfacher zu pflegen und konnten in fast jeder Form gefertigt werden, die der Mensch ersann. Doch meine Voreingenommenheit blieb, und es dauerte lange, bis ich mich dazu überwinden konnte, wieder in ein Boot mit Kunststoffrumpf zu steigen.

Eines Tages dann bat mich ein Freund, der an der Küste von Connecticut eine Fiberglasslup gekauft hatte, ihm zu helfen, sie zur Great South Bay zu segeln. Er war ein guter Kumpel und ein glänzender Segler, und ich war überrascht, wie leicht sich das Boot unter seinem Kommando manövrieren ließ. Wir überquerten den Block Island Sound, fuhren durch den Plum Gut, und während wir durch das ruhige Wasser der Peconic Bay schipperten, erzählte ich ihm von Carlton Oldfield und dem Tag, an dem wir mit seinem Fiberglasboot gekentert waren.

Als ich endete, lachte er; es ist wirklich eine lustige Geschichte, denke ich. Aber beim Erzählen erkannte ich genau, was mich an dem elenden Erlebnis mit Carlton so ärgerte. Nicht, daß sein Boot traditionslos war – daß es aus künstlichem statt aus natürlichem Material bestand. Nicht, daß er ein anmaßender Skipper und ein ungeheurer Langweiler war. Auch nicht, daß er ein Pfuscher war – in meiner Jugend die schlimmste Bezeichnung eines Seglers für einen anderen.

Was mich ärgerte, war, daß Carlton versuchte, der Welt ein völlig falsches Bild von sich zu präsentieren. Er meinte, wenn er am Ruder eines Bootes gesehen werde, das aus Glas und Kunstharz bestand statt aus

Zeder und Eiche, halte man ihn für einen besseren Segler, als er tatsächlich war. Er begriff nicht, daß die Menschen, deren Achtung er sich verzweifelt wünschte, ihn nicht danach beurteilten, was für ein Boot er besaß, sondern danach, wie er segelte.

Gestehen muß ich allerdings, daß eine Frage, die Carlton mir stellte und die ich nicht beantworten konnte, noch lange in mir nagte. Eines Tages dann, Jahre nach unserem Kentern, begegnete ich meinem Physiklehrer aus der High-School, der gelegentlich segelte. Ich fragte ihn, ob er je von der Bernoulli-Gleichung gehört habe. Er erklärte mir, dies sei ein Gesetz, das mit Flüssigkeiten in Bewegung zu tun habe: je schneller sie fließen, desto niedriger der Druck. Luft bewegt sich schneller über die Oberseite eines Flügels als über die Unterseite; das gibt dem Flugzeug seinen Auftrieb. Das gleiche Prinzip läßt sich auf eine Slup anwenden. Die hinter dem Großsegel mit hoher Geschwindigkeit eine Kurve beschreibende Luft verlieh meinem Boot seinen Vorwärtsschub.

»Es gibt wahren Wind«, sagte der Physiklehrer, »nämlich den Wind, den wir spüren, wenn das Boot vor Anker oder an seinem Anlegeplatz liegt. Und es gibt scheinbaren Wind, eine Kombination aus wahrem Wind und dem Wind, den das Boot erzeugt, wenn es das Meer durchpflügt. Der Könner unter den Seglern segelt den scheinbaren Wind.«

Dies hatte ich bis dahin nicht gewußt. Er war ein echter Lehrer – und deshalb konnte ich von ihm lernen.

Was aus Carlton geworden ist, weiß ich nicht, aber mir sind in meinem Leben viele ähnliche Menschen begegnet wie er, darum muß ich glauben, daß der

Mann nicht anders ist, als der Junge war. Ich glaube, daß ihm noch heute die Stimme seines Vaters im Kopf herumgeht und daß er sie hört, was immer er tut. Ich glaube, daß er nicht das tut, was er will, sondern das, was nach seiner Meinung der Vater von ihm wünschen würde. Darum beherrscht weiterhin das nie endende Streben nach väterlicher Anerkennung sein Verhalten, als beobachte ihn der Vater ununterbrochen aus seinem Grab heraus.

Allerdings gehört die Stimme in seinem Kopf heute nicht mehr dem Vater allein: Ich glaube, sie gehört auch seinen Freunden, seinen Nachbarn, seinem Chef, seiner Frau, ja sogar seinen Kindern, die alle ein gemeinsames Überprüfungskomitee bilden. Ich glaube, er meint, sie alle würden ihn beurteilen, ständig beurteilen; deshalb versucht er andauernd zu beweisen, daß er ihrer Bewunderung und Liebe würdig ist. Er tut stets die rechten Dinge: Er wohnt in einem vornehmen Haus in einer vornehmen Gegend; er geht jeden Sonntag in die Kirche, untadelig gekleidet, mit den teuersten Accessoires; und er sorgt dafür, daß seine Kinder die besten Schulen besuchen.

Er besitzt natürlich ein Boot – ein größeres, schnittigeres, schnelleres als jenes, mit dem wir kenterten –, ist aber noch immer unsicher, wenn er die Ruderpinne ergreift, und hat Mühe, mit dem Wind mitzugehen. Er luvt an, fällt leewärts ab, luvt wieder an, sucht, sucht endlos, findet jedoch nie die einzige richtige Stelle, die sich nach zu Hause anfühlt.

Mir tut Carlton Oldfield leid, und sollte ich ihm je wieder begegnen, würde ich ihm gern sagen: »Laß ihn los, laß ihn los!« Ich weiß, daß Väter ihre Söhne und Mütter ihre Töchter loslassen sollen, aber ich weiß auch, daß dies selten geschieht. Eltern klammern sich über das Maß des Erträglichen hinaus an ihre Kinder, als hätten sie das absolute Recht, deren Leben vom Tag der Geburt an zu kontrollieren. Und so geht die Bürde von einer Generation an die nächste weiter, bis einmal ein Kind mit der angeborenen Fähigkeit zum Sprengen dieser Fesseln erscheint.

18

Zum Lobe der Segellehrer

An einem Sommertag saß ich auf der Terrasse des Cottages eines Freundes, die freien Blick auf einen der zauberhaften runden Toteisseen bot, mit denen die Halbinsel Cape Cod gesprenkelt ist. Ein leichter, unstetiger Nordwind wehte, und ich bemühte mich krampfhaft, nicht zu meinem halbwüchsigen Sohn hinzusehen, der noch nie richtig gesegelt war und jetzt mitten auf dem See mit einer kleinen Sunfish manövrierte. Sein Segel war nur auf zwei Drittel des Masts geheißt, als Folge davon hing der Baum tief und verpaßte jedesmal knapp seinen Kopf, wenn er wendete oder unfreiwillig halste, was er oft tat.

Ich wußte, daß er mit einem bis zum Topp hochgezogenen Segel mehr Freude gehabt hätte, doch ich zögerte, es ihm zu sagen. »Laß ihn selbst lernen, laß ihn selbst lernen«, befahl ich mir leise. Es war ein vernünftiger Rat; und es war unmöglich, ihn zu befolgen. Meine Augen schweiften von dem Buch, das ich las, immer wieder zu der Sunfish, die ziellos, unberechenbar über den See glitt.

Das abgesackte Segel meines Sohnes traf mich wie ein Vertrauensbruch, ein grober gesellschaftlicher Schnitzer; ich wollte keinen Sohn haben, der auf so scheußliche Weise umherkreuzte. Als ich den Anblick nicht mehr ertrug, stieg ich eine Holztreppe hinunter und watete bis zu den Knien ins Wasser, blieb mitten zwischen schwimmenden Seerosenblättern stehen und schwenkte die Arme, um seine Aufmerksamkeit zu erregen. Er sah mich schließlich und hielt auf die Küste zu, wendete falsch und halste erneut. Zum Glück wehte nur leichter Wind, so daß er einer Katastrophe entging.

Als er in Hörweite war, machte ich Hand-über-Hand-Bewegungen, als ziehe ich das Großfall herunter, und rief. »Heiß dein Segel höher! Das Boot geht dann viel besser!«

»Ach, Paps«, gab er zurück, »warum läßt du mich nicht in Ruhe! Ich will es doch nur ein bißchen ausprobieren.« Er schob die Pinne zur Seite, halste einmal mehr und steuerte mit einem übers Deck schleifenden Baum aufs gegenüberliegende Ufer zu.

Ich war sauer und verletzt, genauso ärgerlich über mich selbst wie über ihn. Ich hatte einen Teil von mir an meinen Sohn weitergeben wollen; eine Handreichung war es gewesen, der Versuch zu sagen: Hier ist etwas, was ich einst gelernt habe; du bekommst es als Geschenk von dem Jungen in mir an den Jungen in dir. Mein Sohn hatte nicht hören wollen, was ich ihm zu sagen hatte, die Kenntnisse zurückgewiesen, die ich mir in meiner Segeljugend mühsam angeeignet hatte.

Ich griff nach meinem Buch und versuchte zu lesen, konnte mich aber nicht konzentrieren. Langsam legte ich das Buch auf meinen Schoß, hob den Kopf und schloß die Augen. Das Licht des Sonnenballs brannte durch meine Lider. Eine vergrabene Erinnerung aus einem anderen Land stieg in meinen Geist hoch …

Vater und Sohn treffen einander am Ufer eines Flusses, der in die Ewigkeit fließt. Der Sohn demütigt

> und schmäht den alten Mann, der sich nicht zu einer Antwort herabläßt. Der Vater sitzt nur stumm da und betrachtet den Fluß, der unaufhörlich neben ihm dahinfließt. Es ist der Fluß jenseits von Erkenntnis, jenseits von Wissen, jenseits von Hochmut; es ist der Fluß, der über das Ich hinaus fließt, das ständig zu erklären versucht. Siddhartha weiß jetzt, was er weiß; er hat einen Seinszustand erreicht, in dem er nicht mehr das Bedürfnis hat, sich vor seinem Sohn zu rechtfertigen …

Ich hatte diese zeitlose Szene aus dem Buch von HERMANN HESSE lange vor der Geburt meines Sohnes gelesen, und nun kam sie aus dem stillen Ort in meinem Innern hervor und sprach noch einmal zu mir, zwang mich, über mein Verhalten nachzudenken. »Warum mußte ich in den Teich waten, dort dumm dastehen und die Arme schwenken? Warum mußte ich meinem Sohn sagen, daß es ihm besser erginge, wenn er die Segel am Mast höher heißte?« Ich versuchte den Zwischenfall aus meinem Gedächtnis zu streichen, aber ich war nicht Siddhartha, und das Bild des abgesackten Segels ließ mich den ganzen Nachmittag nicht los.

Mein Sohn ist jedoch ein einfühlsamer Sohn, und als wir an jenem Abend in einem Fischlokal aßen, brachte er behutsam das Thema Segeln zur Sprache und bat mich, ihm den Unterschied zwischen einer Wende und einer Halse zu erklären. Wie ich am Klang seiner Stimme erkannte, wußte er, daß er mich verletzt hatte; jetzt versuchte er es wiedergutzumachen, also löste ich mich aus meiner Verletztheit und dachte mir eine Antwort aus. Ich benutzte eine Gabel als Segelboot und erklärte ihm, der Wind wehe über den Tisch von ihm zu mir. Dann drehte ich erst den Bug der Gabel zu einer Wende durch den Wind, anschließend das Heck der Gabel zu einer Halse.

Die Demonstration erfüllte ihren Zweck; sie reinigte für den Augenblick die Atmosphäre. Doch später am Abend, als ich allein auf der Terrasse über dem ins Dunkel sinkenden See saß, bedrückte mich erneut das Bild des durchgesackten Segels. Die unausgesprochenen Worte wallten in mir auf, und ich führte ein imaginäres Gespräch mit meinem Sohn, in dem ich ihm ruhig und sanft alles sagte, wonach es mich verlangte, in dem ich ihm das Vermächtnis meines Wissens weitergab.

Suche zuerst den unsteten Wind. Frage dich, woher er kommt und was er jetzt macht und bisher noch nie gemacht hat. Bestimme die Leeseite des Sees, denn das ist die geschützte Seite, wo der Wind beginnt, die Stelle mit der größten Windstille. Beobachte die Wipfel der Bäume, die am Rand des Sees wachsen; beobachte die Blätter, die Kräuselungen auf der Wasserfläche, die Bewegungen der anderen Boote. Sie werden dich wissen lassen, wo die von einem Ufer zum anderen wehende Brise erscheint und wo sie verschwindet.

Sorge dafür, daß die Segel frei sind, nicht verheddert oder festgemacht, damit das Boot nicht um seinen Anlegeplatz schwoit, wenn du die Segel hochziehst. Heiße das Großsegel so hoch am Mast wie möglich und laß es im Wind flattern. Fahre das Schwert aus, kontrolliere das Ruder und prüfe, ob es richtig befestigt ist. Dann tritt zurück und schaue das Boot unverwandt an, bis es sich deinem Geist so unauslöschlich eingeprägt hat, daß du es auch mit geschlossenen Augen klar siehst.

Denk darüber nach, wie sich das Boot verhalten wird, wenn es unterwegs ist, wie es sich neigt und aufbäumt. Horche auf den Klang des Windes in der Rigg, auf das leise Schmatzen und Schlürfen des Rumpfs. Ergreife die Pinne, spüre ihren leichten Druck in deiner Hand – spüre, wie du sie zum Segel hin oder vom Segel weg bewegst, um den Anströmwinkel des Windes zu verändern.

Wende, ohne zu wenden; halse, ohne zu halsen; verlagere dein Gewicht, ohne dich zu bewegen, während das Boot krängt. Warte, bis du sicher weißt, daß dein Boot kein Gegenstand außerhalb deines Selbst ist, sondern ein Teil von dir, eine Erweiterung dessen, der du bist. Wenn du dieses Stadium erreichst, in dem du und das Boot und der Wind eins sind, dann bist du in der Lage zu segeln.

Es war ein Vortrag mit einem schweren Makel: Ich hielt ihn der Nachtluft. Doch angesichts der Konflikte, die oft zwischen Eltern und Kindern entstehen, fand ich, es sei vielleicht besser so. Wäre mein Sohn dagesessen, hätte er genau das gleiche getan wie ich in seinem Alter: sich auf dem Stuhl unruhig hin und her bewegt, die Augen verdreht und gehofft, die Predigt dauere nicht allzu lange. Er brauchte jemand, der ihm das Segeln beibrachte, doch sosehr ich mir wünschte, sein Lehrer und Mentor sein zu können, ich wußte, daß ich nicht dieser jemand sein wollte.

Ich saß lange da und sah zu, wie die Sandhügel rundum mit dem Himmel verschmolzen. Ich kannte diesen See, kannte ihn gut. Er war vor etwa zehntausend Jahren entstanden, als der letzte Gletscher hier durchging. Beim Rückzug des Gletschers blieb ein riesiger Eisblock zurück, der langsam schmolz und eine symmetrische Senke im Boden hinterließ. Mit der Zeit füllten unterirdische Quellen die Mulde und erzeugten einen Süßwassersee, der nur eine Meile vom tosenden Meer entfernt war.

Der Vollmond ging überm Rand der Dünen auf und ergoß sein schimmerndes Licht über den See. Nach einer Weile stellte ich mir dort eine Sunfish mit herabsackendem Segel vor, und in dieser Vision sah ich dann meinen Sohn das Großfall nach unten ziehen und so das Segel bis zur Mastspitze heißen. Dann sah ich das Segelboot in dem unsteten Wind über den See gleiten. Mein Sohn segelte aus eigenem Wissen, ohne jede Anleitung von mir. In diesem flüchtigen Moment erinnerte ich mich an das, was ich als Junge gefühlt und als Mann vergessen hatte, und ich wußte, daß ich meinen Sohn freigeben mußte, damit er sich seine Lehrer suchen konnte – wie ich einst die meinen.

Als Jugendlicher hatte ich den Verlust der Eltern für die zentrale Tragödie meines Lebens gehalten. Doch mit zunehmendem Alter erkannte ich, daß ich gewisse Vorteile gegenüber meinen Freunden hatte. Ihnen blieb keine Wahl, als dem Vorbild ihrer Eltern nachzustreben, und viele mußten rebellieren, bevor sie herausfinden durften, wer sie waren. Mir dagegen stand kein solches Hindernis im Weg. Ich konnte meine Vorbilder wählen, wo ich sie fand, und ich fand sie überall. Ich mußte mich nicht auf einen Vater und eine Mutter beschränken, konnte auf meinem Weg so viele auswählen und abweisen wie ich wollte – und genau das tat ich.

Ich suchte mir Kapitän HARRISON WATTS aus, der mir

beibrachte, ein kleines Boot zu rudern und den Wind zu erklettern. Ich suchte mir ED DOUBRAVA aus, der mir die Abkürzungen über die Sandbänke und Flache zeigte und mein erstes Segelboot fand, einen zwischen Teichkolben liegenden umgebauten Entenjagdkahn. Ich suchte mir SIMMY BAKER aus, der mich lehrte, ein Tau zu spleißen, und mich dazu brachte, daß ich mein Schwert die ganze Zeit über ausgefahren ließ.

Diese Männer waren meine Lehrmeister – und ich hatte sie gewählt, nicht sie mich. Sie drängten sich nicht mit unerbetenen Ratschlägen auf. Wenn sie einen Neuling sahen, der sich im Wind mühsam abquälte, eilten sie nicht hinzu und sagten ihm, wie er seine Segel trimmen sollte. Wenn dieser Neuling aber später zu ihnen kam und ihren Rat suchte, kehrten sie ihm auch nicht den Rücken.

Wortkarg? Gewiß – das waren die Männer von der Bucht in meiner Jugend. Aber sie waren auch Männer mit Charakter, die ihr Wissen nicht horteten, sondern es großzügig an jeden Segler weitergaben, der Verstand genug hatte, sie danach zu fragen.

Ich saß lange auf der Terrasse mit dem Seeblick, wobei mir diese Gedanken durch den Kopf gingen. Der Mond, der bei Sonnenuntergang aufgegangen war, hatte mittlerweile seinen halben Weg über den Himmel zurückgelegt. Ich erhob mich steif von meinem rustikalen Adirondack-Stuhl, schaute nach meinem Sohn, der fest schlief, und ließ mich im Zimmer nebenan in mein Bett sinken.

Als ich aufwachte, wehte leichter Wind zu meinem Fenster herein, und das Licht der Morgendämmerung lag auf dem östlichen Himmel. Ich stieg die Holztreppe hinunter und watete zu der *Sunfish* hinaus, heißte die Segel, so hoch es ging. Ich hängte das Ruder ein, fuhr das Schwert aus und stand ruhig im Wasser, horchte auf das Flattern des Segels; als ich bereit war, stieg ich an Bord und segelte die Meile über den See und wieder zurück.

Vor dem Wind näherte ich mich dem Ufer, und als ich das Seichtwasser erreichte, holte ich das Schwert hoch, ließ das Boot auf den Strand laufen und das sandige Ufer hochgleiten. Ich wollte gerade das Segel bergen, als ich meinen Sohn gewahrte, der ganz in der Nähe auf einem Holzklotz saß und mich aufmerksam beobachtete.

»Willst du rausfahren?« fragte ich ihn.

»Warum nicht?« antwortete er.

Er zog die Sunfish an ihren Anlegeplatz und ließ sie in den Wind drehen. Langsam, Hand über Hand, heißte er das Segel, bis es nicht höher ging. Ein paar Minuten stand er da, blickte unverwandt auf das Boot, dann stieß er es ab und schlüpfte an Bord. Das Segel fing den Wind ein; das Boot legte sich auf die Seite und segelte über die glasige Oberfläche des Sees davon. Ich ging zum Cottage, setzte mich auf die Terrasse, schlürfte Kaffee und beobachtete meinen Sohn, verblüfft darüber, wieviel er in so kurzer Zeit über das Segeln gelernt hatte.

Das alles trug sich vor langer Zeit zu, aber ich bin jetzt endlich dahintergekommen, was es bedeutet, jeder Mensch braucht einen Lehrer – mein Erlebnis mit einer Sunfish auf einem Toteissee der Halbinsel Cape Cod überzeugt mich davon, daß dem so ist. Doch nicht jeder Lehrer ist brauchbar. Wir brauchen keine Kritiker, die uns mit ihrem Wissen beeindrucken, und wir brauchen keine Dozierer, die zu uns sprechen, als seien wir nicht da. Wir brauchen keine Menschen, die uns tyrannisieren, hetzen, rein mechanisch unterweisen, denn sie lehren uns nichts. Was wir brauchen, ist jemand, der uns zeigen kann, wie man einen Webeleinstek knotet oder einen Spinnakerbaum setzt.

Das Leben ist eine Lehrzeit; dies wußte ich nicht, als ich zum erstenmal ein Segel heißte, aber jetzt weiß ich es. Wir stehen auf den Schultern von Riesen, die ihren Beitrag zur Beschreibung der Natur unseres Universums leisteten, lange bevor wir erschienen. Wir glauben zwar gern, daß wir mit allen Kenntnissen geboren werden, die wir brauchen, und daß wir jene Kenntnisse, die wir nicht haben, schon irgendwie durch Zufall erlangen werden. Aber wenn wir lernen wollen, wirklich lernen wollen, müssen wir diese schützende Tünche aus falschem Stolz durchbrechen und den Meistern der Vergangenheit und Gegenwart erlauben, in unser Leben zu treten.

Wir müssen jene besonderen Menschen aufspüren, die das Wissen der Völker bewahren und das an uns weitergeben können, was wir brennend gern erfahren möchten. Es kann sich um Menschen handeln, die wir persönlich kennenlernen, in einem Klassenzimmer, auf einer Schiffswerft oder in dem Büro unten am Gang. Es kann sich aber auch um Menschen handeln, die wir nicht persönlich kennenlernen, nicht persönlich kennenlernen können, weil sie aus einer anderen Zeit stammen – trotzdem kennen wir sie genau, anhand der Werke, die sie hinterlassen haben.

Wenn wir schriftstellern wollen, brauchen wir einen Lehrer, der mit einer Stimme zu uns spricht, die der unsrigen verwandt ist. Ich wählte früh in meinem Leben HENRY THOREAU, WILLA CATHER und LEO TOL-

STOJ. Wenn wir malen wollen, brauchen wir einen Lehrer, der Licht, Form und Farbe in einer Weise sieht, die unser inneres Auge anspricht. Wenn wir komponieren wollen, brauchen wir einen Lehrer, dessen Musik unsere Seele anrührt. Wenn wir segeln wollen, brauchen wir einen Lehrer, der das subtile Gleichgewicht zwischen Wind, See und Segel bis hinunter in seine Fingerspitzen spürt.

Mein Sohn segelte nie mehr; er hatte anderes zu tun, mußte anderswohin, und ihn zog es nicht so unwiderstehlich zu einer Slup im Wind wie mich. Er entwickelte sich zu einem meisterlichen, sachkundigen Fischer und einem großartigen Kunsttischler; für diese Unternehmungen suchte er sich eigene Lehrer, solche, die ihn ansprachen. Und ich war inzwischen vernünftig genug, ihm meinen Segen zu geben und ihm nichts in den Weg zu legen.

19

Wann man eine Slup verkaufen sollte

Ich segelte die blaue Slup während der High-School-Zeit, während des Studiums, während meiner ersten Ehejahre, und nicht einmal drang durch ihren Rumpf Wasser ein. Doch dann schaute ich eines Morgens nach ihr, weil es in der Nacht heftig geregnet hatte, und sah, daß sie bis über ihre Wasserlinie eingetaucht war. Ich ging an Bord und kostete das Wasser in der Bilge; es schmeckte leicht salzig. Du mußt ein wachsames Auge auf sie haben, sagte ich mir, während ich sie lenzte. Aber es fiel mir schwer, meine eigene Warnung zu beachten.

Ich war Ende Zwanzig, arbeitete bei einer Lokalzeitung als Reporter, und die Geburt meines ersten Kindes stand kurz bevor. Ein blutrünstiger Mord, ein Politskandal, ein Kampf der Schulaufsichtsbehörde und der Zustand meiner Frau beschäftigten meine Gedanken und schoben die lecke Slup in meinem Geist ganz nach hinten.

Schau nach dem Boot, schau nach dem Boot! Doch immer, wenn mir diese Worte durch den Kopf schossen, kam etwas Dringenderes dazwischen.

An einem Spätnachmittag dann, während ich an meiner Schreibmaschine saß, erhielt ich den erwarteten Anruf. Ich raste nach Hause, brachte meine Frau in die Klinik, raste zurück in die Redaktion, um meine

Reportage fertig zu schreiben, und raste wieder in die Klinik. Wie sich zeigte, hatte das Baby es nicht sonderlich eilig, zur Welt zu kommen; die Wehen meiner Frau hörten ebenso plötzlich auf, wie sie eingesetzt hatten, setzten wieder ein, hörten auf und setzten erneut ein.

Nach zwei nervenaufreibenden Tagen gebar sie um zwei Uhr nachts einen Jungen. Ich fuhr heim, fiel in unruhigen Schlaf, aus dem mich früh am Morgen das penetrante Klingeln des Telefons riß. Ich griff nach dem Hörer, in der Erwartung, die Stimme unseres Arztes oder vielleicht die meiner Frau zu hören, doch es war der Hafenmeister, und er sprach mit Grabesstimme.

»Es ist mir höchst unangenehm, derjenige zu sein, der Ihnen das sagen muß«, erklärte er, »aber Ihr Boot ist gesunken.«

»Was?!«

»Gesunken! Gesunken! Es liegt auf dem Grund. Über Wasser ist bloß noch der Mast.«

Ich warf mir irgendwelche Kleider über, fuhr zum Kanal, ging zum Rand des Damms und starrte auf das traurigste Bild der Welt. Der Hafenmeister hatte die Lage genau geschildert, die blaue Slup war völlig untergegangen, ihr Holzmast stach durch die Wasseroberfläche und ragte schräg zum Himmel, und mich quälte ein Schuldgefühl, als hätte ich ein abscheuliches Verbrechen begangen.

Auf dem Weg zur Klinik hielt ich an der Werft und versuchte dem alten Herrn MUNCEY zu erklären, was passiert war.

»Meine Frau hat heute nacht ein Kind bekommen«, sagte ich, »und mein Boot ist gesunken.«

»Meinen Glückwunsch und mein Beileid«, sagte er, womit er meine Lage kurz und bündig zusammenfaßte.

Ich war lange der Meinung, die Gleichzeitigkeit der beiden Ereignisse – des Untergangs meines Bootes und der Geburt meines Sohnes – sei bloßer Zufall; aber heute glaube ich das nicht mehr. Wenn zwei miteinander nicht in Verbindung stehende Ereignisse gleichzeitig auftreten, sind wir uns zumindest die Frage nach dem Warum schuldig. Eine Phase meines Lebens ging zu Ende, und eine neue begann; soviel steht fest. Doch in jenem Moment beschäftigte mich meine untergegangene Slup mehr als mein neugeborener Sohn.

Muncey hob das Boot, schleppte es zur Werft, hievte es aus dem Wasser und legte es auf Stapelblöcke. Das Wasser lief durch die Kielgangnaht heraus, jene Stelle, an welcher der Rumpf und der Kiel aufeinandertreffen. OSCAR BOEHME ersetzte die verrottete Planke durch eine neue. Eine Woche später war die Slup wieder im Wasser, und das Baby lag daheim in seiner Wiege – und ich hatte zwei horrende Rechnungen, eine von der Klinik und eine von der Werft.

In meinen jüngeren Jahren steuerte mein Onkel einiges zu den Unterhaltskosten der Slup bei, jetzt aber lag die ganze Last auf mir. Liegegebühren, Winterlagergeld, Wartung, Reparaturen: Ich mußte sämtliche Kosten selbst tragen. Sie wuchsen mit jedem Jahr – und meine Familie auch: ein weiterer Sohn, eine Tochter, schließlich eine zweite Tochter, dazu ein mit einer Hypothek belastetes Haus, das groß genug war, um uns alle aufzunehmen.

Ich segelte, wann immer ich konnte – und das war

nicht sehr oft der Fall. Meine Familie ließ ich am Ufer zurück. Wäre ich Buchhalter gewesen, hätten mich die Kosten jeder Fahrt über die Bucht stutzig gemacht. Ich wußte, daß ich aus der Slup weniger »herausholte«, als ich für sie bezahlte, doch ich war kein Buchhalter und weigerte mich, die Kosten jeder Wende und Halse zu berechnen. Aber ein Scheckheft hat etwas Gutes: Es lügt nicht.

Bei einem meiner seltenen Ausflüge in die Bucht bemerkte ich, daß mein Großsegel an einer Lattennaht ziemlich abgenutzt war. Und wenig später, an einem Tag mit starkem Wind, riß es völlig durch. Ich brachte es zu einem Segelmacher. Der sagte mir, es sei sinnlos, eine Reparatur zu versuchen. Ich bräuchte ein neues Segel, erklärte er, alles andere als ein neues Segel sei undenkbar; und wenn ich schon dabei sei, solle ich gleich auch eine Fock anschaffen. Ich wußte, daß er recht hatte; ich wußte aber auch, daß ich keine siebenhundert Dollar auf meinem Bankkonto hatte. Also nahm ich ein Darlehen auf. Die neuen Segel waren solide gefertigt und paßten perfekt, sie verbesserten die Leistungsfähigkeit meiner Slup am Wind, doch jedesmal, wenn ich sie heißte, mußte ich an die monatlichen Zahlungen denken, die meistens überfällig waren.

Meine Frau und ich sprachen davon, die Slup zu verkaufen, aber wenn die Rede darauf kam, faßte ich stets denselben Entschluß. »Ich werde das Boot behalten, komme, was wolle«, sagte ich. »Eines Tages sind die Kinder alt genug zum Segeln, dann werden wir froh sein, sie nicht weggegeben zu haben – du wirst sehen!«

Nach der Geburt meines zweiten Sohnes fand ich eine Stellung im Redaktionsstab einer Zeitschrift in

Manhattan und reihte mich unter die Pendler ein, die jeden Morgen den 7.10-Uhr-Zug zur Arbeit nahmen und jeden Abend mit dem 18.07-Uhr-Zug nach Hause fuhren. Die zwölfstündigen Arbeitstage, einschließlich der Fahrten ins Büro und zurück, laugten mich aus. Wenn das Wochenende kam, hatte ich noch immer das Verlangen zu segeln, aber ich fand es einfacher, meine Kinder auf dem Rücksitz meines Wagens zu verstauen statt in dem kleinen Cockpit meines Bootes, und so kam es, daß ich überhaupt nicht mehr segelte.

Bei der Fahrt mit dem Pendlerzug blickte ich durchs Fenster auf die Landschaft Long Islands, die sich ungeheuer schnell veränderte. Im Gefolge des Zweiten Weltkriegs waren Wohnungsbauunternehmen gekommen, hatten die Farmen aufgekauft, die Wälder gerodet und begonnen, Kartoffeln, Eichen und Kiefergestrüpp Quadratmeile für Quadratmeile durch Reihenhäuser zu ersetzen. Ein profitables Geschäft. Das Land war flach, sie brauchten es nur zu unterteilen und ihre Fundamente in den Sand zu senken.

In der Stadt Islip, dem geopolitischen Bezirk, wo ich wohnte und meine Reporterkarriere begann, schnellte die Bevölkerungszahl binnen weniger Jahre von 15 000 auf 150 000 hoch. Es gab keine Kanalisation, aus den Sickergruben und Faulbehältern drang Abwasser in die Flüsse und Creeks, die in die Bucht flossen. Meine Kinder konnten nicht in das Seichtwasser waten und mit den Füßen nach Krimskrams oder nach Muscheln für Chowder-Eintopf suchen, wie ich es in ihrem Alter getan hatte.

Ich sollte weg von hier, anderswohin ziehen, sagte ich zu mir. Auf diesen langen, tristen Zugfahrten erfaßte mich ein starkes Gefühl des Verlusts; die ländliche Welt meiner Jugend wurde mir genommen, und ich konnte nichts dagegen tun. Umziehen bedeutete jedoch, mein Boot zu verkaufen, und dazu war ich nicht bereit.

Materialismus hat, unter einem bestimmten Aspekt betrachtet, mit Besitzen um des Besitzens willen zu tun, als seien die Dinge, die uns gehören, ein Maßstab dafür, wer wir sind. Doch unter einem anderen Aspekt gesehen, hat er mit dem Festhalten an Dingen zu tun, wenn diese längst nicht mehr den ursprünglichen Zweck erfüllen, den sie in unserem Leben hatten. Ich kenne ein Ehepaar, bei dem jeder den anderen nicht ausstehen kann, doch die beiden erachten es als unmöglich, sich zu trennen, weil keiner den Gedanken erträgt, das viktorianische Haus zu verlassen, in dem sie wohnen. Sie sind nicht miteinander verheiratet, sondern mit Doppelflügelfenstern, mit eichenen Türstöcken, mit dem lackierten Treppengeländer.

Ein mißlicher, trauriger Zustand – dennoch, ich weiß, wie schwer es ist, sich von den physischen Dingen zu trennen, die uns an unsere Vergangenheit binden. Ich war mit meiner Slup verheiratet; sie war ein Teil von mir, aber die Umstände hatten sie von einem wertvollen Besitz in eine Belastung verwandelt. Trotzdem glaubte ich, mein eigentliches Wesen, meine Identität als Segler zu verlieren, wenn ich sie weggab.

Ich täuschte mich natürlich, der Wert meiner Slup lag nicht in ihrem Holzrumpf, ihrem Bleikiel, ihren Leinwandsegeln. Ihr Wert lag in den Lehren, die sie mir erteilt hatte, während ich vom Jungen zum Mann reifte, und das Gelernte würde ich behalten, immer noch besitzen, wenn es sie längst nicht mehr gab. »Sei beim Seienden, damit das Kommende werden kann«, schrieb SØREN KIERKEGAARD. Ich habe mich früher nicht mit Philosophie befaßt und tue es auch heute nicht. Dieses Zitat kenne ich nur, weil ein Psychotherapeut, mit dem ich befreundet bin, es für mich auf ein Rezeptformular kritzelte, als könnte ich damit in eine Apotheke gehen und es gegen ein Heilmittel eintauschen. Ein vernünftiger Rat, aber bevor ich mit dem Seienden sein konnte, mußte ich aufgeben, was nicht mehr war – und das ist, wie mein Freund sehr wohl wußte, eine schmerzhafte Prozedur, für die es kein Linderungsmittel gibt.

Im Rahmen meiner beruflichen Aufgaben begann ich nun durchs Land zu reisen und über Bauprojekte zu berichten. Ich schrieb über eine Fernstraße, die sich durch die zerklüfteten Berge im Norden Georgias fraß, über einen Wolkenkratzer, der sich über dem Lake Huron erhob, über einen Damm, der den Catawba River anstaute, über einen Tunnel im weichen Schlamm der Chesapeake Bay. Eines Tages schickte mich der Verleger an die kanadische Grenze, wo ein Unternehmerkonsortium am Lake Champain eine Reihe unterirdischer Abschußrampen für Atomraketen baute.

Ich stand am Rand einer dieser Rampen, deren Breite mehr als dreißig Meter maß, und schaute in das riesige Loch in der Erdkruste. Unten in der Grube sah ich Arbeiter, die Schotter von einer Dynamitsprengung in einen Förderkübel schaufelten, der an einem Kranausleger hing. War der Kübel voll, zog ihn der Kran – der wie ein prähistorischer Vogel am Rand der Rampe stand – nach oben und leerte seinen Inhalt auf einen Lastwagen.

Ich hatte erfahren, daß einige Wochen zuvor ein Arbeiter umgekommen war, als ihm aus einem überladenen Kübel ein Stein auf den Nacken fiel. Ich dachte an den unbekannten Mann und dachte an die Ironie seines Todes. Da buddelte er ein Versteck für ein ballistisches Geschoß mit einem Sprengkopf, der alles Leben auf der Erde auslöschen konnte, und wurde von einem Steinchen erschlagen, das über seinem Kopf aus einem zu vollen Kübel rollte.

Der Bauleiter reichte mir einen Schutzhelm und fragte, ob ich in dem Kübel hinunterfahren wollte in den Schacht, um einen besseren Überblick zu bekommen. Ich hatte wegen einer guten Story schon viele törichte, dumme Dinge getan, aber es kostete mich keine Überwindung, diese Einladung abzulehnen. Ich zog es vor, an der sicheren Oberfläche zu bleiben, und als ich alle Informationen hatte, die ich brauchte, fuhr ich zum Flugplatz, um nach Hause zu fliegen.

Die Reise war kurz, und das Flugzeug stieg nicht sehr hoch in den Himmel. Es flog das Hudson Valley entlang, folgte dem Lauf des alten Flusses, und als es die Basaltklippen von West Point überflog, kam mir zu Bewußtsein, daß ich mit meiner eigenen Sterblichkeit konfrontiert gewesen war. Ich lebte in einer verrückten Welt, einer zerbrechlichen Welt, die jeden Moment rund um mich zusammenbrechen konnte. Der bloße Gedanke daran hätte mich eigentlich mit Angst erfüllen und erzittern lassen müssen, doch er bewirkte das Gegenteil, er erfüllte mich mit Entschlossenheit.

Als ich zu Hause eintraf, machte ich eine tapfere Ankündigung. »Ich werde die Slup verkaufen«, sagte ich, die Stimme um eine Oktave gesenkt, um ihr mehr Nachdruck zu verleihen. Ich erwartete Protestgeschrei, vor allem von meinen Kindern, aber die einzige Reaktion kam von meiner älteren Tochter. Sie fragte, ob ich ihnen jetzt vorlesen würde, denn sie sei an der Reihe, das Buch auszuwählen.

An dem Wochenende ging ich zur Werft und sagte zum alten Herrn Muncey, ich wolle die Slup verkaufen. Am Sonntag darauf klopfte ein Interessent an meine Tür. Er bot mir etwas weniger, als sie wert war, aber ich mochte nicht handeln, wollte sie weghaben. Am nächsten Nachmittag fuhr ich aus Gewohnheit an ihrem Liegeplatz vorbei, und da war sie bereits verschwunden.

Noch im selben Jahr verkauften wir unser Haus und zogen nach Norden in die Rip-van-Winkle-Berge, wo der Wind rundum vom Land eingeschlossen ist und im Sommer süßer Geißblattduft die Luft erfüllt. Ich vermißte das plötzliche Aufkommen des Morgenwinds von der Bucht; ich vermisse es noch heute, habe jedoch den Umzug keine Sekunde bereut. Die tägliche Pendelfahrt nach Manhattan verkürzte sich, und als es soweit war, daß ich meine Stellung aufgeben konnte, um als freiberuflicher Schriftsteller zu arbeiten, zeigte sich, daß ich mich zur rechten Zeit am rechten Ort befand. Aufträge erhielt ich hauptsächlich von *Reader's Digest* und von IBM, die beide ihre Weltzentralen unweit meines Wohnorts errichteten.

Und so kam es, daß mir die blaue Slup bei unserer Trennung die wertvollste aller Lektionen erteilte. Ich hatte einen Zyklus des Lernens und Liebens durchlebt, und nachdem ich gelernt und geliebt hatte, mußte ich die Vergangenheit abstreifen, damit ich den Zyklus wieder von vorn beginnen konnte.

20

Vom Wind der Erinnerung

Ich erwache jeden Morgen dreitausend Meilen von dem Ort entfernt, an dem ich segeln lernte, und manchmal höre ich das Ich meiner Kindheit aus einem Traum zu mir sprechen. Ich bin nicht älter als sechs und befinde mich auf dem Weg von meiner elterlichen Wohnung mit dem Blick auf den Hudson River zum massiven Ziegelhaus meiner Großeltern an der Sheepshead Bay, wo mir die Seebrise zum erstenmal in die Knochen drang.

Mein Vater besaß einen offenen grünen Cadillac, und ich sehe ihn am Lenkrad, meine Mutter neben sich, während wir über die Manhattan Bridge und durch den Prospect Park zum Ocean Parkway glitten, und mir, der ich auf dem Rücksitz saß, Ruß und Pollen in Augen, Ohren und Nase drangen. Auf einmal dann war es, als hätten wir das Land und alle seine ungesunden Gerüche hinter uns gelassen und führen in eine andere Region. Mein Vater bog scharf ab, unter dem hochgebauten Gleis der U-Bahn hindurch, und kam an einem Meeresarm heraus, wo Boote an ihren Anlegeplätzen schaukelten und der Wind frisch und unbehindert wehte.

Es war eine kurze Fahrt von der West Side Manhattans zur Südspitze Brooklyns, doch man kam aus einer Welt in eine völlig andere, und ich wußte sogar in so jungen Jahren schon, welche für mich das Zuhause bedeutete. Die eine war rauh, unangenehm, vom Stadtlärm erfüllt, die andere ein Sommerhafen, von den bezaubernden Klängen der Swingmusik erfüllt, die aus einem Orchesterpavillon drang, sich mit der Seebrise vermischte und landeinwärts driftete. SHEP FIELDS spielte in diesem Pavillon, auch BEN BERNIE, TED LEWIS und BENNY GOODMAN – und ich saß hoch oben auf den Schultern meines Vaters und blickte über die Menge hinweg zu den Göttern der Musik mit ihren Klarinetten und Posaunen.

Nach dem Tod meiner Eltern lebte ich zwei Jahre bei meinen Großeltern, deren Haus am Meer lag, in der Irwin Street von Manhattan Beach, und jetzt erkenne ich, daß ich dort, an der Atlantikküste Brooklyns, zum erstenmal die Veränderung der Windrichtung nach Süden hin und den unverkennbaren Geruch der See bewußt wahrnahm. Als meine Großmutter zu krank wurde, um für mich zu sorgen, übersiedelte ich weiter nach Osten, ebenfalls in ein Haus am Meer, das Haus meiner Tante und meines Onkels. Dort spürte ich erneut den Südwind, er spielte wie ein Shanty gegen den Wind an, den ich früher gekannt hatte.

Ich bin überwältigt von der Kraft der Erinnerung. Ich verweile nicht nur in diesem klaren, flüchtigen Moment, sondern in der Ansammlung aller meiner Momente, die so weit in die Vergangenheit zurückreichen, wie mein menschliches Gedächtnis reicht. Ich bin meine Vergangenheit, und das Leugnen der Vergangenheit würde bedeuten, mich selbst zu verleugnen, denn das Leben, das ich bis zum heutigen Augenblick geführt habe, definiert, wer ich bin. Mein Leben ist nicht in mir; es ist in dem, woran ich mich erinnere – und das, woran ich mich erinnere, besitze ich nicht so sehr, wie es mich besitzt.

Es wäre einfach, mich als Waise hinzustellen, die Anspruch auf Mitgefühl hat, doch das entspräche nicht der Wahrheit. Ich bin kein isoliertes Wesen, keine auf mich selbst begrenzte Insel, abgeschnitten von meinen Vorfahren; meine Vergangenheit und meine Gegenwart sind ein Kontinuum, und es ist mir nicht möglich, die Grenze dazwischen zu ermitteln. Das Jetzt fliegt vorbei; während ich spreche, ist das Jetzt, in dem ich zu verweilen meinte, bereits entschwunden, und die Worte, die ich vor einem Herzschlag gesagt habe, leben nur in der Behausung meines Innern, die Erinnerung heißt.

Ich erinnere mich an meine Mutter und meinen Vater, meine Großmutter und meinen Großvater, meine Tante und meinen Onkel, an die gemeinsamen Zeiten und an die Orte, wo wir zusammenwaren. Ich erinnere mich an die blaue Slup, die aus dem Wind auftauchte; ich erinnere mich an Kapitän HARRISON WATTS, SIMMY BAKER, ED DOUBRAVA, OSCAR BOEHME und alle die anderen Freunde, Lehrer und Mentoren, mit denen ich gesegelt bin. Ich erinnere mich an die Great South Bay, wie sie in meiner Kindheit war, und alle diese Bilder sind nach wie vor in mir, obwohl ich jetzt an einer anderen Küste lebe, die dreitausend Meilen davon entfernt ist.

Wir machen gern diesen künstlichen Unterschied zwischen dem, was Fiktion und was Fakt ist, was erfunden und was wahr ist. Doch ich bin immer überrascht, wenn ich darüber nachdenke, wo ich die Menschen kennenlernte, die in meinem Gedächtnis wohnen und den Lauf meines Lebens beeinflußt haben. Einige traf ich im Klassenzimmer, einige im Büro, einige auf dem Werftgelände und einige auf den Seiten der Bücher, die ich las.

DAVID COPPERFIELD und ANNA KARENINA, ODYSSEUS und JOSEPH K., EMMA BOVARY und SANCHO PANSA sind für mich genauso wirklich wie meine Eltern, meine Großeltern, meine Tante, mein Onkel oder irgendeiner der Käuze, die an der Great South Bay ihren Lebensunterhalt verdienten.

Praktisch orientierte Menschen sehen darin eine Art Blasphemie. »Wie kannst du das sagen?« wollen sie wissen. »David Copperfield und Anna Karenina haben nie existiert! Jemand hat sie erfunden!«

Diese Leute wissen nicht, was sie sagen. Wenn ich allein in meinem Zimmer sitze oder am Meer entlang wandere, beschwöre ich aus meinem Gedächtnis die Personen herauf, mit denen ich beisammensein möchte. Manche sind lebendig, manche tot, manche sind völlig der Schöpferkraft von Autoren entsprungen, und alle sind für mich gleich wirklich.

An einem Herbstnachmittag bekam ich einen Anruf von einem alten Freund, der auf dem Coast Highway nach Norden fuhr und sich jetzt in Santa Cruz befand, das von meinem Wohnort eine Stunde entfernt war. Er machte den Vorschlag, daß wir uns doch zum Essen treffen sollten, und ich nahm bereitwillig an. Während ich nach Süden fuhr, die Berge zu meiner Linken und das Meer zu meiner Rechten, dachte ich voll erwartungsvoller Freude an die bevorstehende Begegnung.

Er war der erste Freund, den ich in Bay Shore gefunden hatte, nachdem ich dorthin gekommen war, und wir waren oft zusammen gesegelt. Nach seinem Abgang vom College fand er dann eine Stellung in

Los Angeles, wo er auch blieb. Wir schickten einander zwar Weihnachtskarten, aber gesehen hatte ich ihn seither nicht mehr. Doch wir waren am selben Ort aufgewachsen, in derselben Umgebung, waren Gefährten und jugendliche Vertraute gewesen, und obwohl jeder von uns eine neue Lebensphase begonnen hatte, glaubte ich, unsere gemeinsame Vergangenheit sei ein Band, das es uns ermöglichte, unsere Freundschaft dort fortzusetzen, wo sie unterbrochen worden war.

Wir fanden einen Tisch im Freien, auf einer Terrasse mit Blick über den Pazifik. Ein gelber Sonnenschirm spendete uns Schatten, und vom Meer wehte kühler Wind herein. Das Ambiente stimmte, nicht jedoch die Stimmung. In dem Moment, als ich zu sprechen begann, spürte ich bei ihm eine Mauer des Vorbehalts.

Ich redete von der Vergangenheit, von dem, woran ich mich erinnerte und was ich vermißte, und davon, wie ich als Mann mit dem Verlust zurechtkam, den ich als Junge erlitten hatte. Er wurde steif, äußerte seine Überraschung darüber, daß ich »immer noch mit Dingen kämpfte«, die vor so langer Zeit passiert waren. Ich erklärte ihm, daß ich nicht damit kämpfte, sondern sie auskostete.

»Das Verlangen, die Vergangenheit zu vergessen«, sagte ich, »ist eine Art Selbstmord.« Offenbar hatte ich bei ihm mit dieser Bemerkung eine Saite angeschlagen, denn er saß lange stumm da, als versuche er sein Gedächtnis anzukurbeln, dann sprach er so leise, daß ich ihn kaum verstand.

»Ich fühle mich betrogen.«

Das Wort *betrogen* verblüffte mich dermaßen, daß es

mir schwerfiel zu antworten. Als ich ihn fragte, was er damit meine, schüttelte er den Kopf. Zuerst dachte ich, er spiele auf sein Erbe an – darauf, daß er nicht soviel Geld geerbt hatte wie erwartet, weil sein Vater vor dem Tod das Vermögen der Familie verschleudert hatte. Dann meinte ich, es könnte sich um etwas anderes, Schwerwiegenderes handeln, vielleicht um Alkoholismus oder körperlichen Mißbrauch.

Schließlich sagte er, daß er kaum Erinnerungen an seine Kindheit in Bay Shore habe und daß die wenigen, die er habe, zu schmerzlich seien, um darüber zu sprechen. Die Ursache seiner Seelenqual fand ich nicht heraus, denn er wechselte prompt das Thema; doch später, auf der Heimfahrt, dachte ich über unser Gespräch nach und erkannte, daß er durchaus das richtige Wort gewählt hatte: Er wurde betrogen. Aber ihn betrog nicht jemand anderer, sondern er sich selbst, durch seine hartnäckige Weigerung, seine Vergangenheit zu akzeptieren. Er war so völlig von seinen Kindheitserlebnissen abgetrennt, daß er sich nicht einmal an den Geruch des Morgenwinds erinnerte, der querab vom Strandwall aufkam und über die Bucht wehte.

Ich war frustriert und ärgerlich; die von mir ersehnte Wiedervereinigung hatte nicht stattgefunden, und die Beziehung, die ich suchte, war nicht entstanden. Wo einst Freundschaft geherrscht hatte, klaffte jetzt Leere: Mich erfüllte Trauer, weil ich wußte, daß ich diese Freundschaft nicht wiedererwecken konnte. Nun fühlte *ich* mich betrogen.

Die Sonne stand tief am westlichen Himmel, und als ich von der Straße abbog, um zu beobachten, wie sie in einer Nebelbank versank, fand ich mich dabei wieder, wie ich in meinem Gehirn nach den ersten Zeilen eines Gedichts von ROBERT FROST forschte, das den Titel *Mein Novembergast* trug.

> Für meine Trauer, kehrt sie bei mir ein,
> Sind diese düstren Herbsttage im Regen
> So schön, wie Tage können sein,
> Sie liebt den kahlen und verdorrten Baum;
> Sie geht auf nassen Weidewegen …

Meine Trauer, sie war bei mir eingekehrt, und ich gestattete mir das heilige Recht, mich zu grämen, nicht durch Vergessen, sondern durch Erinnern; nicht dadurch, daß ich Ereignisse verdrängte oder aus meinem Gedächtnis tilgte, sondern dadurch, daß ich sie aus dessen wirren Wurzeln hervorholte. Ich erinnerte mich an die Menschen und die Orte, die ich kannte, an die blaue Slup mit dem in den Wind gerichteten Bug und die Freunde, Lehrer und Mentoren, mit denen ich einst segelte; und ich wußte, daß ich sie alle vermißte.

Nach meiner Meinung fürchten die meisten von uns, nie mehr die Fassung zu gewinnen, wenn sie sich ihrem Kummer über das vergangene Leben hingeben, doch diese Angst ist unbegründet. Wirklich fürchten sollten wir, daß wir die Gabe verlieren könnten, uns an das Leben zu erinnern, das wir geführt haben, denn sie schenkt uns die Verbindung mit uns selbst. Unsere schrecklichsten Krankheiten sind nicht jene, die uns das Leben kosten; es sind jene, die uns in ein wüst und leer daliegendes Meer schleudern, indem sie uns die Erinnerung rauben.

Eine Woche verging, ein Monat, ein Jahr. Ich hörte nichts mehr von meinem Freund. Eines Morgens dann, als vom Pazifik her ein steter Nordwest wehte, fiel mir der grüne, offene Wagen meines Vaters ein und die plötzliche Veränderung der Luft, wenn wir den Meeresarm erreichten. Ich fuhr zu einem Segelclub, mietete mir ein Boot und kreuzte in der frischen Brise, die unter der Golden Gate Bridge durchwehte und der Bucht weiße Schaumkronen aufsetzte.

Ich segelte um Angel Island, an Tiburon und Sausalito vorbei und hielt auf Berkeley zu, den Wind im Rücken, auf Backbord die Festung Alcatraz, auf Steuerbord, unter meinem Segel hindurch, Coit Tower und die auf einen Hügel gebreitete, schimmernde Stadt selbst. Ich sah mich um, dachte darüber nach, wie sehr sich diese Bucht doch von jener unterschied, auf der ich vor so langer Zeit mit meiner blauen Slup gesegelt war. Ich war über einen Kontinent gezogen, weitergewandert an einen anderen Ort und in eine andere Zeit, hatte aber das eigentliche Wesen meines Selbst nicht zurückgelassen. Ich war als Junge gesegelt, ich war als Mann gesegelt, und ich segelte immer noch.

Einige Seglerbegriffe – kurz erklärt

achtern	hinten
Achtknoten	»Stopperknoten« in Form einer Acht
backbord	links
Baum	längsschiffs am Mast angebrachtes, bewegliches Rundholz, an dem das Segel befestigt wird
Bilge	tiefste Stelle im Schiff
dichtholen	das Segel anziehen
Dingi	Beiboot
dwars	querab; Sichtweise von Bord aus in Längsrichtung des Schiffes
Fall	Tau
fieren	Gegenteil von dichtholen; die Leinen lockern
Fock	kleines Vorsegel
halsen	Änderung des Segelkurses durch ein Manöver, bei dem der hintere Teil des Bootes zuerst durch den Wind geht
Heckspiegel	breite Fläche (Spiegel) am hintersten Teil des Bootes
Jolle	kleines, offenes Segelboot
Ketsch	Boot mit zwei unterschiedlich großen Masten (Mast und Besan)
Klampe	Beschlag zum Belegen von Tauwerk
krängen	neigen
Kreuzknoten	Verbindung von zwei Leinen gleicher Stärke
Lee	die Richtung, in die der Wind weht
Luv	die Richtung, aus der der Wind kommt
Mittelschwert	absenkbare, verstellbare, senkrechte Plat-

	te im Schiffsrumpf zur Verlängerung des Kiels
Palstek	Knoten, bei dem man eine Schlaufe erhält, die sich nicht zusammenzieht
Pinne	Steuer
Plicht	vertiefter, offener Sitzraum hinten im Boot (Cockpit)
pullen	rudern
Ree	knappes Kommando zum sofortigen Wenden: »Klar zur Wende? Ree!«
Schandeckel	Abschlußleiste der Bordwand
Schot	Leine
Schotstek	Knoten zum Verbinden zweier gleicher oder unterschiedlich starker Tauenden
Skipper	Bootsführer
Slup	einmastiges Segelboot
Spinnaker	großflächiges, ballonähnliches Beisegel für leichte Winde
Spleiß	bruchfeste, dauerhafte Verbindung von Faser- oder Drahttauwerk
Stag	Drahttauwerk, das den Mast hält
steuerbord	rechts
Tampen	Tauenden
Tide	durch die Anziehungskraft von Sonne und Mond periodisches Fallen und Steigen des Wassers, Gezeiten
vor dem Wind segeln	der Wind bläst von hinten in die Segel
Vorliek	vordere Kante eines Vorsegels
Wanten	starke Taue zum Verspannen des Mastes
Webeleinstek	Knoten zum Belegen oder Festmachen eines Bootes
»Weiberknoten«	Knoten, die nicht halten; Schimpfwort
wenden	Änderung des Segelkurses durch ein Manöver, bei dem der Bug des Schiffes durch den Wind geht; vergleiche halsen